简化型鼓缓冲绳方法（SDBR）概论
——当代整体观管理利器

主　编　黄文佐
副主编　戴化勇　冷凯君

中国财经出版传媒集团
中国财政经济出版社

图书在版编目（CIP）数据

简化型鼓缓冲绳方法（SDBR）概论：当代整体观管理利器/黄文佐主编．—北京：中国财政经济出版社，2016.7

ISBN 978-7-5095-6737-1

Ⅰ.①简…　Ⅱ.①黄…　Ⅲ.①企业管理-生产管理-研究　Ⅳ.①F273

中国版本图书馆CIP数据核字（2016）第104096号

责任编辑：张若丹　　责任校对：杨瑞琦

封面设计：智点创意　　版式设计：康普宝蓝

中国财政经济出版社出版

URL：http：//ckfz.cfeph.cn

E-mail：ckfz@cfeph.cn

社址：北京市海淀区阜成路甲28号　邮政编码：100142

营销中心电话：010-88190406

天猫网店：中国财政经济出版社旗舰店

网址：https：//zgczjjcbs.tmall.com

北京财经印刷厂印刷　各地新华书店经销

710×1000毫米　16开　10.75印张　90 000字

2016年7月第1版　2016年7月北京第1次印刷

定价：35.00元

ISBN 978-7-5095-6737-1/F·5419

（图书出现印装问题，本社负责调换）

质量投诉电话：010-88190744

打击盗版举报热线：010-88190492，QQ：634579818

前 言

限制理论（Theory of Constraints，TOC）是一种强调整体观的管理利器。TOC 认为系统的绩效是由限制资源所决定，打破了传统上认为系统绩效是由全体资源所决定的管理观点。TOC 认为当管理问题是供给不足时，鼓缓冲绳方法（Drum - Buffer - Rope，DBR）可针对产能受限资源（Capacity - Constrained - Resource，CCR）或瓶颈资源进行详细完整的利用，从而最大化系统绩效。反之，当管理问题是需求不足时，简化型鼓缓冲绳方法（Simplified DBR，SDBR）相较于传统的 DBR 方法适于处理需求不足与订单交期的问题，进而最大化系统绩效。本书的结构安排如下：第一章介绍限制理论的背景，第二章介绍简化型鼓缓冲绳方法（SDBR），第三章说明适用于回流流程生产环境的修正 SDBR 算法，第四章说明如何经由模拟验证修正 SDBR 算法，第五章介绍修正 SDBR 算法的绩效分析指标的应用，第六章谈到其他的传统 SDBR 论点，第七章说明在订单式生产型态下，管理者该如何使用 SDBR。

本书的作者分工如下：黄文佐博士，负责全书文责与第一章到第七章的正文主笔及其校搞。戴化勇博士，负责第一章到第三章的作业题目搜集、建立及其校搞。冷凯君博士，负责第二章的SDBR文献与第四章到第七章的作业题目搜集、建立及其校搞。

本书可作为研究限制理论的SDBR（Simplified DBR）领域基础教材，培养在校学生掌握经营决策管理实务及先进生产运营管理模式运用，也适合现在于众多公司企业服务的主管们，有利于企业推行限制理论与市场营销、配销、营运与供应链决策管理，提供具有前瞻性的丰富理论与实战经验。本书同时收录多篇在世界知名英文期刊已发表的SSCI（Social Sciences Citation Index，社会科学引文索引）/SCI（Science Citation Index，科学引文索引）/EI（Engineering Index，美国工程索引）论文精华，重点介绍与讨论最新限制理论领域对DBR与SDBR的洞见。

本书同时作为湖北经济学院SDBR研究中心、工商管理学院和物流与工程管理学院的训练教材与研究成果。

编　者

2016年6月

目 录

第 1 章　限制理论背景

限制理论（Theory of Constraints，TOC）是由 Goldratt & Cox（1984）所发展出来的一种管理哲学，它以限制概念与限制管理为基础。TOC 认为限制决定了系统的绩效（Goldratt & Fox，1986），Goldratt & Cox（1984）提出可利用五个关注步骤（Five Focusing Step，5FS）对限制进行有效的管理。5FS 分别为：辨识限制资源，然后充分利用限制资源，并将非限制资源充分配合限制资源的生产速度，若有必要打破目前的限制则有利于提供额外的有效产出，最后是别让惰性成为持续改善的限制。限制的形式可分为三种：当系统的生产产能受限于正式或非正式的规范时称为政策限制；当系统的资源产能少于需求时称为实体限制；当需求少于系统的资源产能时称为市场限制（Schragenheim & Dettmer，2001；Watson *et al.*，2007）。

当限制属于实体限制时，鼓缓冲绳方法（Drum - Buffer - Rope，DBR）可针对产能受限资源（Capacity -

Constrained - Resource，CCR）或瓶颈资源进行一系列详细且完整的利用（Goldratt，1990；Schragenheim & Dettmer，2001）。Schragenheim & Ronen（1990）与 Wu & Liu（2008）指出鼓（Drum）是 CCR 从现在到未来的详细排程计划；缓冲（Buffer）是时间单位，若其功能是保护 CCR 之排程计划不受延误则称为限制缓冲（CCR Buffer），若其用于保护交期不受延误则称为出货缓冲（Shipping Buffer，SB）；绳（Rope）是依照鼓的生产速度所调节的投料计划，具体如图 1 - 1 所示。

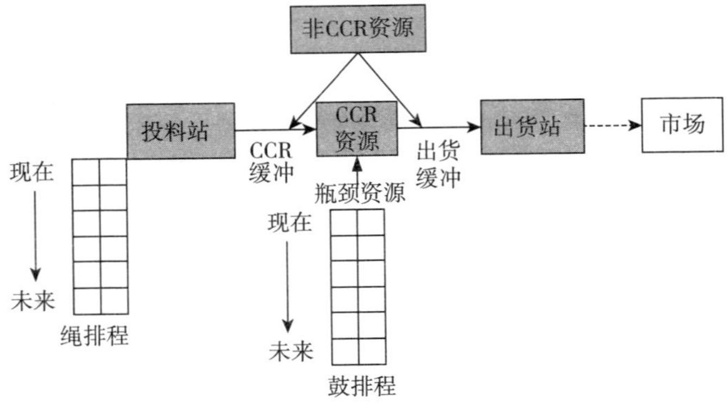

图 1 - 1　鼓缓冲绳方法（DBR）的主要概念（Wu & Liu，2008）

当限制属于市场限制时，Schragenheim & Dettmer（2001）与 Lee *et al.*（2010）认为简化型鼓缓冲绳方法（Simplified DBR，SDBR）相较于传统的鼓缓冲绳方法（DBR）更适于处理需求不足与订单交期的问题。在 SDBR 方法下，鼓是将已接订单在交期日前需使用到的

CCR 产能转换成 CCR 上的已规划负荷（Planned Load，PL）；缓冲则简化成单一的生产缓冲（Production Buffer，PB）且等于生产周期时间，其功能为保护交期不被系统的变异波动所延误；绳是衡量各工单未来将使用到的 CCR 负荷量后，将承诺交期日往前推一个 PB 的时间长度而得到的包含现在到未来的投料计划，具体如图 1－2 所示。

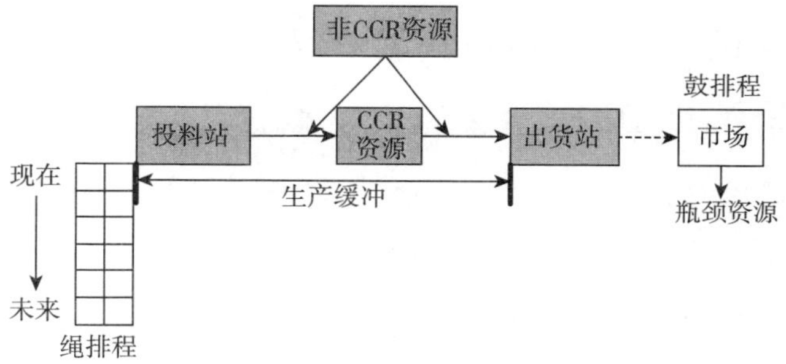

图 1－2　简化型鼓缓冲绳方法（SDBR）的主要概念（Chang 与 Huang，2014）

为了使制造现场易于执行 SDBR 相关概念，Schragenheim & Burkhard（2007）在 SDBR 的架构下提出缓冲管理（Buffer Management，BM）的机制。其将生产缓冲（PB）区分为绿、黄、红三区且各占 1/3 长度，然后计算侵蚀时间（Penetration），即特定工单从投料日开始直到该工单到达 CCR 前的时间，我们将侵蚀时间占 PB 的比率称为特定工单在 CCR 前的缓冲状态（Buffer Status，BS），将各工单在 CCR 前的缓冲状态以比率值由高到低排列，则可获得现场工单的派工优序。

本章习题

一、简答题

1. Dr. Goldratt 与 Cox 提出的五个关注步骤是什么？
2. 限制的形式可分为哪三种？
3. 请说明鼓（Drum）的含义。
4. 请画出 DBR 方法的主要概念图。
5. 请画出 SDBR 方法的主要概念图。

二、选择题

1. 限制理论（TOC）认为决定系统绩效的是(　　)。

A. 公司　　B. 限制

C. 金钱　　D. 股东

2. 5FS 为辨识限制资源，然后充分利用限制资源，并将(　　)充分配合限制资源的生产速度。

A. 限制资源　　B. 生产资源

C. 非限制资源　　D. 人力资源

3. 当系统的生产产能受限于正式或非正式的规范时称为(　　)。

A. 政策限制　　B. 实体限制

C. 市场限制　　　　D. 虚拟限制

4. 当系统的资源产能少于需求时称为(　　)。

A. 政策限制　　　　B. 实体限制

C. 市场限制　　　　D. 虚拟限制

5. 当需求少于系统的资源产能时称为(　　)。

A. 政策限制　　　　B. 实体限制

C. 市场限制　　　　D. 虚拟限制

6. 产能受限资源或瓶颈资源是(　　)。

A. CCR　　　　B. CPR

C. CDR　　　　D. DBR

7. 缓冲 (Buffer) 是时间单位，若其功能是保护 CCR 之排程计划不受延误则称为(　　)。

A. 限制缓冲　　　　B. 出货缓冲

C. 装配缓冲　　　　D. 汇流缓冲

8. 若缓冲系用于保护交期不受延误则称为(　　)。

A. 限制缓冲　　　　B. 出货缓冲

C. 装配缓冲　　　　D. 汇流缓冲

9. 绳 (Rope) 是依照鼓的生产速度所调节的(　　)。

A. 推式计划　　　　B. 拉式计划

C. 投料计划　　　　D. 调度计划

10. 当限制属于市场限制时，TOC 的学者认为下列(　　)方法适于处理需求不足与订单交期的问题。

A. MRP　　B. SDBR

C. DBR　　D. O2O

三、改正题（请将画线部分的错误更正为正确的内容）

1. SDBR 中，缓冲是将已接订单在交期日前需使用到的 CCR 产能转换成 CCR 上的已规划负荷（PL）。

2. SDBR 中，缓冲则简化成单一的限制缓冲且等于生产周期时间，其功能为保护交期不被系统的变异波动所延误。

3. SDBR 中，绳是衡量各工单未来将使用到的 CCR 负荷量，将承诺交期日往前推一个 PB 的时间长度而得到的包含现在到未来的推式计划。

4. 在 SDBR 架构下提出的缓冲管理（BM）机制，将 PB 区分为长、中、短三区且各占 1/3 长度。

5. SDBR 中，计算特定工单从投料日开始直到该工单到达 CCR 前的时间称为缓冲时间。

6. SDBR 中，将侵蚀时间占 PB 的比率称为特定工单在 CCR 前的侵蚀状态。

7. SDBR 中，BS 将各工单在 CCR 前的缓冲状态以比率值由前到后排列。

8. SDBR 中，BS 将各工单在 CCR 前的缓冲状态以比率值排列后，则可获得现场工单的维修优序。

第 2 章　简化型鼓缓冲绳方法（SDBR）

2.1　限制理论（TOC）介绍

限制理论是由 Goldratt & Cox（1984）在《目标》一书中以限制概念为基础所发展出来的系统整体观之管理哲学。而 Watson *et al.*（2007）与 Mabin & Balderstone（2000）等学者提到限制理论是一套整合的管理工具，包含三种相关的领域：（1）作业策略应用方法工具，包含生产管理类的鼓缓冲绳方法（DBR）、缓冲管理方法（Buffer Management，BM）和产品组合方法（Product Mix Algorithm），运筹类的供货商管理库存（Vendor Managed Inventory，VMI）及用于项目管理上的关键链（Critical Chain）。（2）绩效衡量系统，总称为产出会计，包含有效产出（Throughput，T）、存货（Inventory，I）、作业费用（Operating Expense，OE）、有效产出—元—天（Throughput Dollar Day，TDD）、存货—元—天（Inventory Dollar Day，IDD）、订单交期绩效（Due Date Performance，DDP）、净利（Net Profit）、投资报酬率（Return on Investment，ROI）和现金流量（Cash Flow）。（3）解决方案与思考工具，包含现况图（Current Reality Tree）、冲突图（Conflict）和未来图（Future Reality Tree）等。

Schragenheim & Ronen（1990）认为TOC是一种整体观的管理方法论，它可帮助管理者全神贯注于最关键的议题。Goldratt & Fox（1986）也指出TOC认为限制决定了系统的绩效。Goldratt & Cox（1984）提出可利用五个关注步骤（5FS）对限制进行有效的管理，即辨识限制资源或瓶颈资源后提出一套充分利用限制资源的详细计划，非限制资源必须充分配合限制资源的生产速度，并严格执行这一详细计划，若已经无法借由改善对既有限制资源的充分利用而增加有效产出时，则可通过打破目前限制以提供额外的有效产出，最后是别让惰性成为持续改善的限制。Watson *et al.*（2007）与Schragenheim & Dettmer（2001）等学者则具体指出限制理论中限制的形式可分为三种：当系统的生产产能受限于正式或非正式的规范时称为政策限制；当系统的资源产能少于需求时称为实体限制；当需求少于系统的资源产能时称为市场限制。

Mabin & Balderstone（2000）与Watson *et al.*（2007）等的研究结论指出，应用限制理论经由许多实

证研究已获得了惊人的成果，主要为减少存货与制造前置时间或减少标准生产周期的同时，也能提高有效产出。

2.2　传统型鼓缓冲绳方法（DBR）介绍

Goldratt & Cox（1984）在面对生产管理的问题时，首先提出鼓缓冲绳方法（DBR）的概念与方法论；Wu & Yeh（2006）则具体说明 DBR 乃限制理论中应用于生产管理的工具，限制理论以整体观的管理思维帮助管理者聚焦于组织中最关键的议题，而 DBR 则说明了 5FS 的前三个步骤该如何适当地执行。

Schragenheim & Ronen（1990）将限制（Constraint）或瓶颈（Bottleneck）定义为限制系统达成更高目标绩效的任何相关之人事物。瓶颈支配系统的整体速度，为了保证限制能被充分利用，鼓（Drum）包含了限制资源的详细排程；缓冲（Buffer）是保护时间，即是用来避免生产到临近关键区域时致使其中断的事情发生，缓冲只规划于需要保护的关键区域；绳（Rope）是一种机制，用于迫使系统的所有零件能经由鼓所支配的节奏所激发，当执行 DBR 时，绳是建立原物料投入现场的详细排程。

Schragenheim & Ronen（1990）也说明了执行 DBR

的三个基本步骤：

第一步，对限制机台进行排程，同时决定主生产排程（Master Produetion Schedule，MPS）。

第二步，决定缓冲大小，包括①变动（Fluctuation）的数量；②非限制机台的产能水平。

第三步，根据前两步获得投料排程。

而这三个基本步骤的执行是建立在两个条件之上：①定义系统的限制；②决定非限制的一般化追随（Subordinate）政策，可能包含非限制的部分排程或详细排程。同时两位学者指出，5FS 中的充分利用（Exploit）是指鼓的排程，5FS 中的追随（Subordinate）则是指缓冲与绳的排程需追随限制机台的排程。非限制的一般化追随政策具体执行如下：

（1）假如非限制机台空闲，则不必安排任何作业。

（2）假如作业未到非限制机台环节且其不忙碌时，也要为即将到来的作业做准备。

（3）假如非限制机台有超过一个以上的作业可选，选择作业负荷最重的那一个。这项政策与最短加工时间（Shortest Processing Time，SPT）法则对立。

（4）缓冲管理技巧假设能实时发现领班的错误决策并矫正。

（5）一旦开始一项作业，只有完成这项作业才能换另一项工作。

（6）最后，我们应了解DBR的基本应用是充分利用系统限制，并让系统中的其余部分追随限制的充分利用排程，任何最佳的排程都应充分利用了限制资源，并对这一充分利用排程给予保护（追随它）。

Schragenheim & Ronen（1990）在提出了完整的DBR执行步骤后，又具体说明了缓冲管理的重要性，他们认为缓冲管理是搭配执行DBR不可或缺的现场控制诊断工具。缓冲管理将缓冲时间切割为三等份，即绿区、黄区与红区，而最佳的切分方法依赖于实际前置时间的分配特性。

缓冲管理主要有三项功能：

（1）如同警示系统，缓冲管理能将严重且紧急威胁到中断与导致真实伤害的问题作记号。

（2）缓冲管理可以提供前置时间控制。

（3）缓冲管理可以指出保护力较差的区域，因此能优先提供现场必需的改善措施。

若要精确估算缓冲时间，两位学者建议必须计算生产周期时间内的不确定因素所造成的延误时间与包含非限制资源在内的过剩产能水平。

而缓冲的类型被归纳为以下三种：

（1）限制缓冲，是指用于保护产能受限资源（CCR）的缓冲，一般用时间单位来解释。

（2）组装缓冲，是指用于保护次组装线中非CCR

资源的缓冲。其是否为加工时间并不重要，因为限制缓冲带来的是工件数量，所以组装缓冲在工作现场的实际位置或许该用工件单位来解释较容易理解。

（3）出货缓冲，是指用于保护CCR资源与出货站之间的所有非CCR资源的缓冲。其本身没有任何加工时间，所以出货缓冲在工作现场的实际位置也许该用工件单位而不是时间单位。

缓冲管理有三种预期的结果：

（1）听见警讯并处理该情况时需要赶工来达成交期，不当地处理绳排程也要发出警讯（有人提早投不需要的原物料到现场）。

（2）监控所有的缓冲期间（注意：缓冲期间决定前置时间）。

（3）使决策者下达决策时，能指出将尽力聚焦于何处来改善系统。

Schragenheim & Ronen（1990）在DBR的基础上进一步发展了一套对洞的缓冲管理机制。我们将预计出现在绿、黄、红三个缓冲区而未出现的工单位置称为洞（Hole）。绿、红、黄三个缓冲区请参考图2－2。

对洞的执行原则是：

（1）当洞出现在绿区（区域3）时，应忽略它。

（2）当洞出现在黄区（区域2）时，应发出警讯，并要求找到目前尚未到达工件的位置，但管理者应避免自己直接干涉原来的CCR鼓排程计划。

（3）当洞出现在红区（区域1）时，其应变成最优先处理的工作。

监控在区域2与区域1出现的洞的数量，可以此来评估缓冲管理机制的效果。当缓冲管理布置图显示非常少的洞时，代表能缩减相关区域的缓冲时间；当缓冲管理布置图显示区域1洞的数量相当多时，其缓冲时间应立即增加。要决定正确的缓冲时间，应站在整个组织的角度在前置时间与保护关键区域两者间寻求平衡。

累积收集整理缓冲管理中关于洞的信息后，可以提供出一份影响系统绩效的资源列表。为了得到这些信息，企业应以固定的频率进行缓冲检查，并收集关于区域2与区域1中洞的如下信息：①缓冲型态（限制、出货、组装）。②形成洞的根本原因（如资源、待料、非CCR机台的调整预备工作），如果洞的形成原因不清楚，则记录下这个洞中的所有非CCR机台名称。③洞的时间单位大小（例如总小时数）。④区域名称（区域2或区域1）。

对于DBR在回流流线型工厂（Re－entrant Flow Shop，RFS）下的应用，Goldratt（1990）提出了DBR加入间隔棍（Batch Rod）的方法，可确保CCR回流前后作业的合理搭配，而Wu & Yeh（2006）则进一步提出应用 DBR 尚需额外考虑间隔缓冲（Rod Buffer）与作业间隔（Operation Separation Time，OST）在回流制程下的关系。间隔缓冲是指一批工件（Lot）从离开 CCR 又回流到 CCR 所需的时间；作业间隔则为前后两个 CCR 作业于鼓排程中所安排的相隔距离。如何在鼓上安排此作业间隔，从而使各移转批量均不会产生瓶颈待料且在制品数量最小的方法，就成为 DBR 能否有效运用于回流制程的关键。

由于 DBR 在方法的设计上与实际执行时都有其复杂的一面，尔后 Schragenheim & Dettmer（2001）提出一种简化且易于执行的 DBR 方法，称为简化型鼓缓冲绳方法（SDBR）。

2.3 简化型鼓缓冲绳方法（SDBR）介绍

Schragenheim（2006）与 Lee *et al.*（2010）等学者解释了在应用 SDBR 方法时所使用到的几个专门术语，如图 2－1 所示。

（1）净加工时间（Touch Time），它代表的是一张工单包含整备时间但扣除排队时间、等待时间、搬运时间等与加工无关的时间后，真正在现场加工的最短时间。假设某加工现场共有 9 部机台工单，而流经每部机台的最短加工时间为 1 天，则净加工时间等于流经机台次数总和，即为 9 天。

（2）生产缓冲时间（Production Buffer，PB），它代表的是一张工单从投料日到交期日之间的时间，而 SDBR 对 PB 的估算是采用净加工时间的倍数。例如上例该加工现场的净加工时间等于 9 天，若假设某工单的 PB 等于净加工时间的 2 倍，则该工单的 PB 将估算为 18 天。

（3）已规划负荷（Planned Load，PL），它的本意是将业务已接订单，逐一转换成每张工单未来需使用 CCR 的产能时数，再累加到目前 CCR 已规划的负荷上。因为每张工单在 CCR 中都有一累加位置（Accumulated Point），所以在每个 PL 累加位置上往前减半个 PB 可推得投料点，往后加半个 PB 可推得安全的交期日（Safe Delivery），而工厂管理者可能会加上额外的缓冲时间（Additional Buffer）得出汇报给客户的承诺交期日（Promise Due Date），而保护产能（Protective Capacity）代表的意义是所有非限制资源的产能扣除支持 CCR 的产能之后，尚能应付系统变异之产能余额。

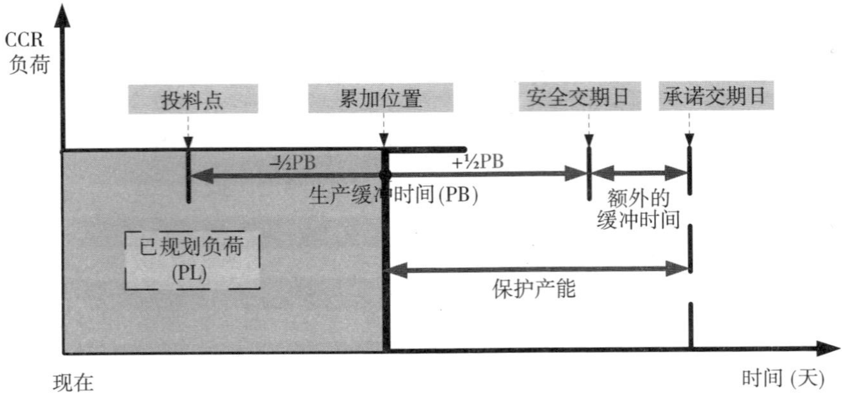

图2-1 SDBR的投料与派工机制示意图

（4）缓冲管理（Buffer Management，BM）。它先将PB区分为绿、黄、红三个区且各占1/3长度，然后计算特定工单从投料日开始直到该工单到达CCR前的时间，即侵蚀（Penetration）。我们将侵蚀占PB的比率称为特定工单在CCR前的缓冲状态（Buffer Status，BS）（Schragenheim，2006），如图2-2所示。

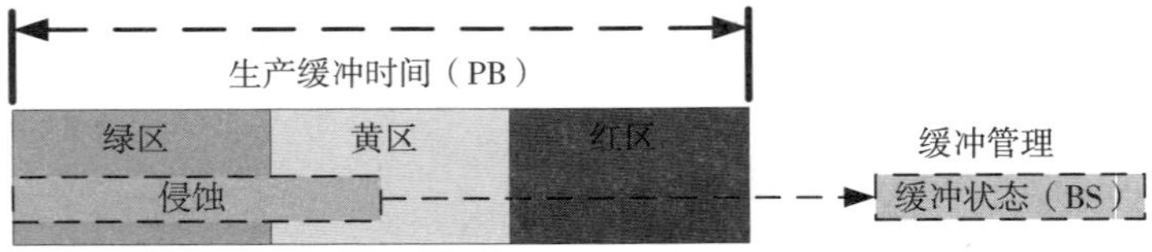

图2-2 SDBR的缓冲状态与缓冲管理示意图

既然能利用PL推得特定工单的投料点与交期日，Schragenheim & Burkhard（2007）进一步定义缓冲状态

（BS）为CCR的派工法则，如公式（2.1）所示。

$$\text{缓冲状态（BS）}=\frac{\text{生产缓冲时间}-\text{剩余交期日}}{\text{生产缓冲时间}} \tag{2.1}$$

公式（2.1）的分子所代表的是侵蚀之意，也是特定工单从投料日到达CCR前在现场的累计停留时间。因为每张工单都能计算PB的侵蚀率，而侵蚀率高者代表其消耗较多的PB，因此其交期延误的机率愈大，所以其在CCR前排队加工的次序应愈优先。

Lee *et al.*（2010）指出SDBR的核心功能是已规划负荷概念与交期设定方法。在SDBR的交期设定方法中，任何工单若其完工时间早于安全交期日则此段多余的缓冲时间称为余裕时间（Slack Time），换言之就是该工单免于延误的保护时间长度。此外，Lee *et al.*（2010）提出在非回流环境下当CCR不是位于系统生产流程的中间位置时，SDBR根据PL推算投料点与安全交期日就不是固定取一半的PB，其提出采用线性估算法则来估算两个参数α与β。当CCR位于系统生产流程的前段位置时，推算投料点采用（PL－αPB）且推算安全交期日采用［PL＋（1－α）PB］；当CCR位于系统生产流程的后段位置时，推算投料点采用（PL－βPB）且推算安全交期日采用［PL＋（1－β）PB］。但是该研究并未考虑若处于回流流线型工厂

（Re - entrant Flow Shop，RFS）环境时，SDBR 的交期设定方法是否依然成立。

Schragenheim & Dettmer（2001）另提出了导入 SDBR 的流程图，如图 2 - 3 所示。此流程主要分为两个阶段，当长期市场需求少于系统的 CCR 产能时为第一阶段，称为一般规划与预备，其包含步骤 1 到 5；当短期市场需求高于系统的 CCR 产能时为第二阶段，称为短期规划与执行，其包含步骤 6 到 9。但是此流程图也未考虑若处于 RFS 环境时，是否依然成立。

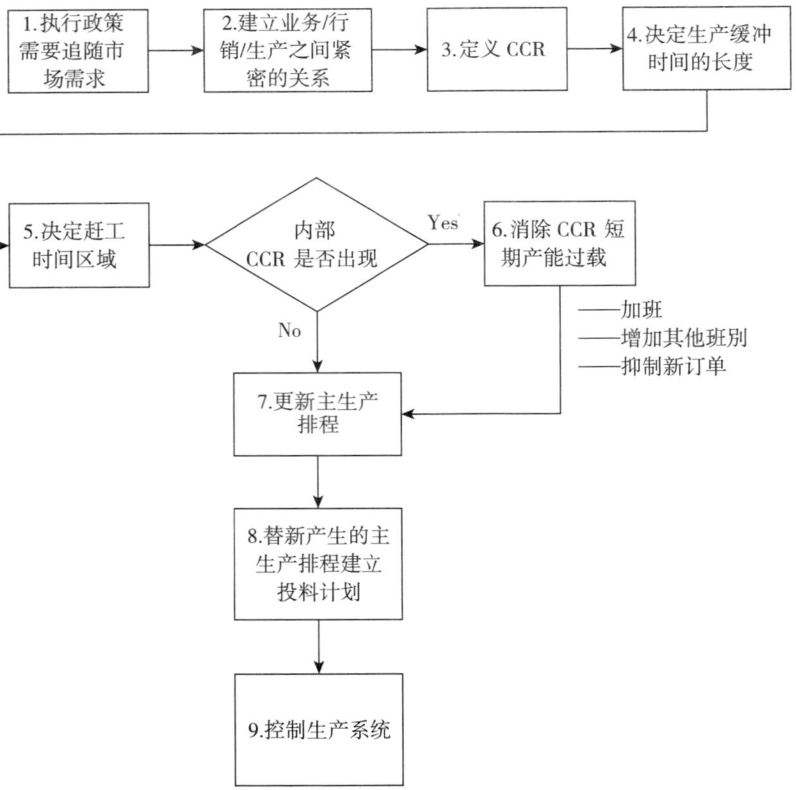

图 2 - 3　SDBR 导入流程

综合以上对DBR与SDBR的探讨，本书归纳出两者之不同如下：

（1）传统DBR具有详细的CCR排程，但SDBR并没有详细的CCR排程。

（2）传统DBR只关注对CCR资源的充分利用，此决策建立于CCR决定系统有效产出的假设之上；但SDBR更关注市场的限制，即更重视对于承诺交期的保护并极力避免延误交期。

（3）传统DBR对生产前置时间的估算包含三种缓冲区，但是SDBR对生产前置时间的估算只有一个生产缓冲区。

（4）SDBR假设CCR是浮动的且长期而言是处于需求未满载状态，此时CCR是市场订单；即使出现需求满载状态也假设属短期现象，此时CCR变为内部瓶颈资源。但传统DBR则假设CCR固定为内部瓶颈资源，因此必须精密地安排CCR排程，避免造成系统有效产出之浪费。由此可推知，管理层采用不同的生产政策假设，将使现场管理活动形成截然不同的面貌与效果。

（5）SDBR因为没有详细的CCR排程，管理人员只监控CCR的已规划负荷，其CCR派工权限基本上是交由现场决定，所以属于实时排程。相反，传统DBR因为具有详细的CCR排程，其CCR派工权限基本上是事先计划完成的，生产现场必须尽全力配合 CCR 指定的排程计划，所以属于事先固定排程。

而以上的学者与其他许多研究文献（Goldratt & Fox, 1986; Russell & Taylor, 2005; Schragenheim & Dettmer, 2001; Sirikrai & Yenradee, 2006; Wu & Liu, 2008）在探讨 DBR 与 SDBR 的应用中均假设工件只流经 CCR 或瓶颈资源一次，并未考虑 SDBR 应用于回流流线型工厂之相关议题。而 Pan & Chen（2003）与其他学者（Chen *et al.*, 2007; Dugardin *et al.*, 2010; Wu & Yeh, 2006; Yang *et al.*, 2008）认为回流流线型工厂在实务上却更常见，例如半导体晶圆厂的黄光区制程、薄膜晶体管液晶显示器的数组（Array）制程、多层母板制造厂的制程，其工件会重复经过 CCR 或瓶颈资源而形成回流制程 。因此，下文对回流工厂与回流流程工厂的相关研究成果进行介绍。

2.4 回流流线型工厂（Re-entrant Flow Shop, RFS）之介绍

本书在第 3 章将提出一种修正 SDBR 算法能适用于复杂的回流流线型工厂（RFS）。以下对三种容易混淆的回流流线型工厂之定义进行说明。Dannenbring（1977）认为对流程工厂（Flow Shop）的讨论一般为：

包含一组有 n 个工件必须于 m 个机台之中加工的生产问题。Pinedo（2002）对流线型工厂（Flow Shop）的定义如下：有一系列数量为 m 的机台，每一工件必须于 m 个机台的其中之一加工，所有工件必须流经相同的途程（例如：先经过第一个机台加工再到第二个机台加工，等等），一旦该机台完成某工件的加工作业后，该工件必须进入下一部机台前排队等待下一次加工作业。

Pan & Chen（2003）则提出回流流线型工厂（Re - entrant Shop）的定义如下：有 n 个工件必须于 m 个机台之中加工，工件 J_i 有 N_i 个作业（$N_i > m$），同时它的连续两个作业必须在不同机台加工，而工件可能流经某些机台超过一次。

Pan & Chen（2003）与 Chen *et al.*（2007）则进一步提出回流流程工厂（Re - entrant Flow Shop，RFS）的定义如下：在回流工厂中每个工件必须依照 M_1，M_2，…，M_m，M_1，M_2，…，M_m，… and M_1，M_2，…，M_m 的顺序在机台上加工，且每一工件之流程可被区分为 L 个回流层，此时每个回流层从机器 M_1 开始加工作业并于机器 M_m 结束加工作业。

关于 RFS 的相关研究包含：Pan & Chen（2003）针对 RFS 问题提出四个混合二元整数规划模式，其绩效衡量方式是考虑最大完工时间极小化；Chen *et al.*

(2007) 则进一步提出利用混合塔布搜寻法求解 RFS 的最大完工时间极小化问题；Yang *et al.* (2008) 利用分枝界限法取得双机回流流线型工厂最大完工时间极小化问题的下界值；Dugardin *et al.* (2010) 则利用三种多目标法则求解混合型回流流线型工厂的排程问题。

本章习题

一、简答题

1. TOC 学者提到限制理论是一套整合的管理工具，其包含哪三种相关的领域？

2. 请说明 DBR 方法中缓冲（Buffer）的含义。

3. 请说明 DBR 方法中绳（Rope）的含义。

4. 请画出 SDBR 的投料与派工机制示意图。

5. 请画出 SDBR 的缓冲状态与缓冲管理示意图。

二、选择题

1. TOC 认为 5FS 中的追随（Subordinate）指缓冲与绳的排程需追随(　　)的排程。

A. 非限制机台　　B. 限制机台

C. 维修机台　　D. 包装机台

2. 执行 DBR 之缓冲管理机制的重要原则是，当洞出现在绿区（区域3）时应该(　　)。

A. 避免直接干涉　　B. 最优先处理

C. 维修它　　D. 忽略它

3. 执行 DBR 之缓冲管理机制的重要原则是，当洞出现在黄区（区域2）时应该(　　)。

A. 避免直接干涉　　B. 最优先处理

C. 维修它　　D. 忽略它

4. 执行 DBR 之缓冲管理机制的重要原则是，当洞出现在红区（区域1）时应该(　　)。

A. 避免直接干涉　　B. 最优先处理

C. 维修它　　D. 忽略它

5. SDBR 之生产缓冲时间（PB），代表的是一张工单从投料日到(　　)之间的时间。

A. 限制机台　　B. 非限制机台

C. 生产日　　D. 交期日

6. SDBR 之已规划负荷（PL），是将业务已接订单，逐一转换成每张工单未来需使用的(　　)。

A. CCR 维修时数　　B. CCR 包装时数

C. CCR 产能时数　　D. CCR 生产数量

7. SDBR 在每个 PL 累加位置上往前减(　　)PB 可推得投料点。

A. 半个　　B. 一个

C. 两个　　D. 三个

8. SDBR 在每个 PL 累加位置上往后加(　　)PB 可推得安全的交期日。

A. 半个　　B. 一个

C. 两个　　D. 三个

9. SDBR 中所有非限制资源的产能扣除支持 CCR 的产能之后，尚能应付系统变异之产能余额称为(　　)。

A. 非保护产能　　B. 保护产能

C. 设计产能　　D. 扩充产能

三、改正题（请将画线部分的错误更正为正确的内容）

1. SDBR 中，缓冲管理先将 PB 区分为绿、黄、红三个区且各占 1/3 长度，然后计算特定工单从投料日开始直到该工单到达维修机台前的时间，即侵蚀时间。

2. SDBR 中，定义PL 为 CCR 的派工法则。

3. SDBR 中，侵蚀时间之意是特定工单从投料日到达 CCR 前在现场的完工时间。

4. SDBR 中，每张工单都能计算其 PB 的侵蚀率，侵蚀率高者代表其交期准时的机率愈大。

5. TOC 学者指出 SDBR 的核心功能是已规划负荷概念（PL）与调度方法。

6. SDBR 并没有详细的完工排程。

7. SDBR 更关注CCR 的限制并极力避免延误交期。

8. SDBR 假设 CCR 是浮动的且长期而言是处于供给满载状态。

9. SDBR 对生产前置时间的估算只有三个缓冲区。

10. SDBR 其 CCR 派工权限基本上交由经理决定。

第3章　适用于回流流线型工厂之修正SDBR算法

3.1　修正SDBR算法产生背景及情景假设

众多学者们（Schragenheim & Ronen，1990；Schragenheim & Burkhard，2007；Wu & Liu，2008；Pinedo，2002）在DBR与SDBR的相关研究成果中，大多假设工件只流经CCR（Machine－B）或瓶颈资源一次（见图3－1），但Pan & Chen（2003）与Chen *et al.*（2007）认为回流流线型工厂在实务上却更常见，例如半导体晶圆厂的黄光区、薄膜晶体管液晶显示器的Array区、多层母板制造厂的制程，其工件会重复经过CCR而形成回流制程，如图3－2所示。

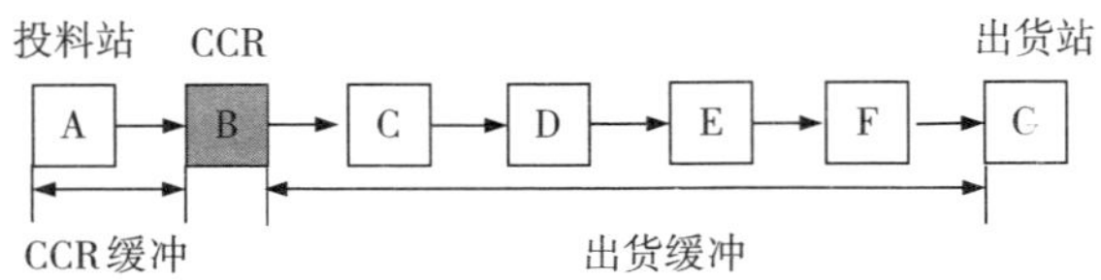

图3－1　流线型生产制程示意图

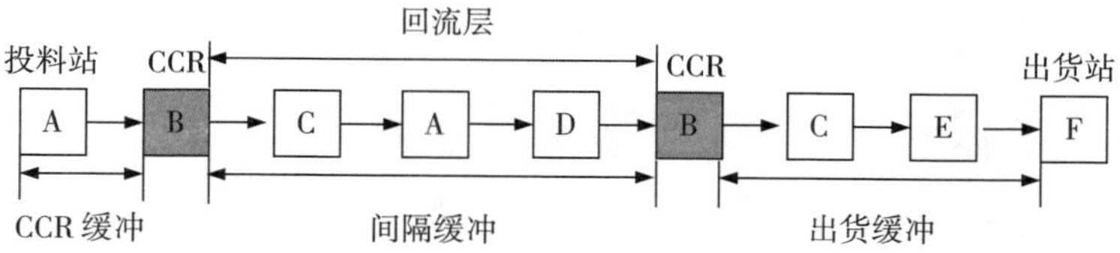

图 3－2　回流流线型生产制程示意图

Pinedo（2002）、Pan & Chen（2003）与 Chen *et al.*（2007）等学者对回流提出如下定义：典型的非回流问题是假设工件只流经特定机台不超过一次，反之，在回流工厂（Re－entrant Shop）中，工件将流经特定机台加工超过一次以上。若在回流工厂执行 SDBR 的缓冲管理机制时，在应用以缓冲状态（BS）为派工法则所得到的工单派工优序结果中，可能因为回流因素的加入而使得以准时达交为绩效的生产管理者，在现场实时派工时产生以下两点对订单交期能否准时达交的质疑：

第一，短生产周期工单（短 PB）永远较长生产周期工单（长 PB）优先加工，这样的现象若处在短周期工单数显著多于长周期工单数的系统中时，则长周期工单的加工优序将持续下降而消耗更长的排队时间等待 CCR 加工，这是否可能增加交期延误的风险。第二，有多笔工单于缓冲管理优序清单上呈现相同优序时，在没有预先给定第二顺位的派工法则时，SDBR 将任选其一。这样的现象可能发生于不同产品但优序相同与相同产品且优序相同的生产中。当各 CCR 回流层前排队的工单同时产生这种现象时，可想而知现场实时派工的管理者将产生相当大的疑惑，他们会担心各回流层中的 CCR 能否真正区别会产生交期延误风险的工单而优先对其加工，进而担心这种现象的发生是否会降低订单交期准时达交的绩效表现。

然而，SDBR 的文献中却少见对回流工厂类似问题的相关研究。为了提高 SDBR 于实际应用时的价值，在接下来的章节中我们针对 SDBR 在回流生产环境下的应用情境，提出修正的 SDBR 算法，具体内容包括：生产单一产品时的操作模式及对此模式的数值分析，并依结果提出适当的建议；最后透过建立一个具有回流特征的模拟仿真工厂，并利用六种与交期相关的绩效指标，分析以上应用情境的修正 SDBR 算法与传统 SDBR 算法的绩效孰优孰劣。应用本章的修正 SDBR 算法限制条件如下：修正的 SDBR 算法仅限于讨论其投料与派工机制是否适用于回流环境，包含对不同应用情境的探讨，并透过模拟工厂的模拟结果提出适当的推论或结论。此应用情境为：

➢生产单一产品

对 SDBR 方法在 RFS 环境下处理单一产品所适用的操作模式（统一称为 SDBR－$SP_{Reentry}$）与可能面临的问题，进行深入的探究与剖析，同时作为进一步研究处理多产品的操作模式之基础。对于修正 SDBR 法则应用于回流流程工厂之排程问题，本章的主要假设总结如下：

（1）所有非瓶颈机台之派工法则，均固定为先进先出法（First - In - First - Out，FIFO）；

（2）不考虑物料搬运时间、物料前置时间及物料是否准时到达；

（3）不考虑机器设置时间（Setup Time）；

（4）假设原物料只有一种，可供各种产品使用；

（5）假设模拟环境的机器故障率为零；

（6）每一机台每天只可加工一张工单，每张工单代表一批货，每张工单的加工时间（含设置时间）为一天，加工批量与移转批量均订为一张工单；

（7）在非动态模式下，仿真工厂无不可测性（Randomness），且仿真数据为已知且固定的；

（8）所有工单均从时间零开始加工，机台均为闲置，可立刻投入加工作业且无在制品；

（9）工单一旦在某机台处于加工状态就必须直到加工完毕，才可考虑加工下一批工单；

（10）每一机台前假设均有无限的排队空间给等待排队之工单。

3.2 单一产品使用 SDBR－$SP_{Reentry}$方法的操作模式

3.2.1 在 RFS 环境下 SDBR 派工法则面对单一产品时的缺失

为简化 BS 的计算，我们将公式（2.1）经由一连串的推展可将 BS 简化表示为，特定工单停留于制造现场的累计时间除以 PB 的比值，如公式（3.1）所示。

$$
\begin{aligned}
\text{缓冲状态} &= \frac{\text{生产缓冲时间}-\text{剩余交期日}}{\text{生产缓冲时间}} \\
&= \frac{\text{生产缓冲时间}-(\text{交期日}-\text{今天})}{\text{生产缓冲时间}} \\
&= \frac{\text{今天}-(\text{交期日}-\text{生产缓冲时间})}{\text{生产缓冲时间}} \\
&= \frac{\text{今天}-\text{投料日}}{\text{生产缓冲时间}} \\
&= \frac{\text{工单停留于现场的累积工作日}}{\text{生产缓冲时间}} \qquad (3.1)
\end{aligned}
$$

若制造工厂在 RFS 环境下生产单一产品应用公式（2.1）或（3.1）的 BS 来决定现场所有工单的加工优序，则对 CCR 资源（或瓶颈资源）的分派有以下两点可精进之处。

第一，该产品属非回流制程，则会产生现场停留天数长的工单永远较停留天数短的工单优先加工，这样的派工结果会产生与先进先出法（FIFO）相同的效果，则管理人员或许不必大费周章采用较复杂的 BS 法则进行运算。以表 3-1 中所列的情况（a）为例，工单 1 与工单 2 为同一产品且 PB 都等于 18 天，若工单 1 在现场停留的天数长于工单 2（16 天 >8 天），则依传统上用于非回流制程的 BS 派工法则，会将停留天数长的工单 1 排在停留天数短的工单 2 前优先加工（89% >44%）。

第二，该产品属回流制程且拥有相同紧急程度比率的情况下，则传统 SDBR 无法区别真正会产生延迟风险的工单。以表 3-1 中的情况（b）为例，工单 3 与工单 4 是同一产品但处于不同的回流层（Layer），因为现场停留天数相同，所以 BS 也均相同（67%），在没有预先给定第二顺位的派工法则时，传统 SDBR 将任选其一。但依实务经验会发现，位于 Layer 2 的工单 4 较位于 Layer 3 的工单 3 有较高的延迟风险，因此若 SDBR 挑选工单 3 优先加工，则将提高延误工单 4 交期的风险。

表 3-1　SDBR 派工法则于单产品的说明范例

Situation	$Order_j$	PB_j	CCR $Layer_k$	Total CCR Layer	Flow Stay Time	BS（%）	Priority
a	1	18	1	1	16	89%	*
	2	18	1	1	8	44	
b	3	24	3	3	16	67%	*
	4	24	2	3	16	67%	*

3.2.2 适用于单产品 RFS 环境下的 SDBR 修正算法

传统的 SDBR 由于其 BS 派工法则的特性，应用于单产品 RFS 环境下时，其绩效表现可能会受到如表 3－1之限制。因此，本章提出一个修正后的 SDBR 方法，称之为 Simplified DBR for single product under reentry，简称 SDBR－$SP_{Reentry}$，此方法在 SDBR 的缓冲管理机制中于各回流层中加入进行分层控制的机制，并以各回流层的缓冲状态偏差率来决定所有工单的加工优序。

➢ SDBR－$SP_{Reentry}$模式的符号说明：

N——于 CCR 前待加工的工单总数；

$Layer_{jk}$——第 j 笔订单在第 k 层的 CCR 回流层加工（j＝1，2，…，n，k＝1，2，…，o）；

LBS_{jk}——第 j 笔订单在第 k 层的缓冲状态比率（$Layer_{jk}$ Buffer Status）（j＝1，2，…，n，k＝1，2，…，o）；

LPB_{jk}——第 j 笔订单在第 k 层的生产缓冲时间（$Layer_{jk}$ Production Buffer）（j＝1，2，…，n，k＝1，2，…，o）；

LST_{jk}——第 j 笔订单在第 k 层的 CCR 回流层时的现场停留时间（$Layer_{jk}$ Stay Time）（j＝1，2，…，n，k＝1，2，…，o）；

LTT_{jk}——第 j 笔订单在第 k 层的 CCR 回流层时的净加工时间（$Layer_{jk}$ Touch Time）（j = 1，2，…，n，k = 1，2，…，o）；

PB_j——第 j 笔订单从投料日到交期日间的时间，即生产缓冲时间（j = 1，2，…，n）；

TST_j——第 j 笔订单的总现场停留时间（Total Stay $Time_j$）（j = 1，2，…，n）；

TTT_j——第 j 笔订单的总净加工时间（Total Touch $Time_j$）（j = 1，2，…，n）。

本书认为在回流制程下，必须更精确地分析各 CCR 回流层的紧急程度。首先，将回流制程下各产品的 PB 依照经过 CCR 回流层的次数进行分段划分，再根据各分段的 CCR 回流层分别估计各分段的 PB 值；其次，调整传统上用于非回流制程的 BS 派工法则为：将传统的 BS 派工法则当作整体紧急程度，再将不同回流层的 BS 派工法则（LBS）当作局部紧急程度；最后，计算 BS 与 LBS 之偏差值后，再挑选偏差值大者进行派工。图 3 - 3 为 $SDBR - SP_{Reentry}$ 的各回流层分层控制模式示意图。为执行以上概念，本书提出下列相关计算公式：

$$BS_j = \frac{\sum_{k=1}^{o} LST_{jk}}{PB_j} \times 100\% \quad (j = 1, 2, \cdots, n) \quad (3.2)$$

$$LPB_{jk} = \frac{LTT_{jk}}{TTT_j} \times PB_j \quad (3.3)$$

$$LBS_{jk} = \frac{LST_{jk}}{LPB_{jk}} \times 100\% \quad (3.4)$$

$$\Delta BS_{jk} = BS_j - LBS_{jk} \quad (3.5)$$

其中，式（3.2）BS_j 是各工单在各回流层已累积的紧急程度，式（3.3）LPB_{jk}是利用不同回流层的权重乘以生产缓冲时间来估计不同回流层的生产缓冲时间，式（3.4）LBS_{jk}是用来判断工单在各回流层的紧急程度，式（3.5）ΔBS_{jk}是工单整体紧急程度与实际紧急程度的偏差值，ΔBS_{jk}越大加工优先权越大。非 CCR 机台派工则采用 FIFO 法则。

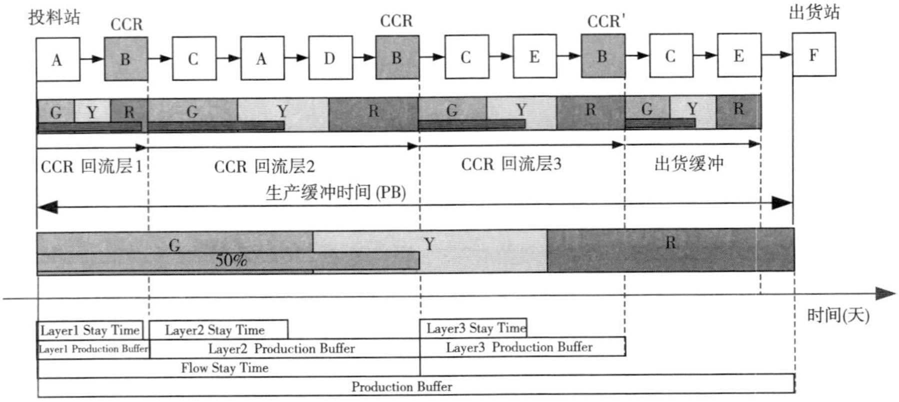

图 3－3　SDBR－$SP_{Reentry}$的各回流层分层控制模式示意图

3.2.3 SDBR－$SP_{Reentry}$模式的数值分析范例

为了说明 SDBR－$SP_{Reentry}$模式的数值分析范例，本书利用所提出的 SDBR－$SP_{Reentry}$模式再重新对表3－1的例子作进一步的分析，并将各计算结果列于表3－2中。在表3－2中，PB_j字段内的数字假设为各产品净加工时间（Touch Time）的2倍，BS_j字段为传统 SDBR 的派工优序，LBS_{jk}字段是依式（3.4）所计算出之LST_{jk}与LPB_{jk}的比值，ΔBS_{jk}字段记录由式（3.5）所计算出之BS_j与LBS_{jk}之差，亦即为 SDBR－$SP_{Reentry}$的派工优序，代表整体紧急程度与不同回流层中紧急程度的偏差率。

由表3－2可以看出，在情况（a）且产品属非回流制程之下，因为工单1已通过单一回流层，因此应用 SDBR－$SP_{Reentry}$的方法所产生的LBS_{jk}为0%，所以紧急程度偏差率还是89%；而工单2尚未通过单一回流层，因此其LBS_{jk}为13%，所以紧急程度偏差率为32%。基于此结果，本书推论在 RFS 面对单一产品属非回流制程的状态时，传统 SDBR、SDBR－$SP_{Reentry}$与 FIFO 均得到相同效果，建议采用 FIFO 法则即可。

对于表3－2中的情况（b），工单3与工单4生产相同产品且紧急程度相同（67%），但处于不同 Layer，以传统 SDBR 的方法，由于BS_j值均相同，因此任选其一即可。但由于位于 Layer2 的工单4的延迟风险高于位于 Layer3 的工单 3，采用 SDBR－$SP_{Reentry}$的方法以偏差率 ΔBS_{jk}来挑选工单加工的话，可挑选出真正会产生延迟风险的工单 4。

表 3－2　$SDBR-SP_{Reentry}$ 派工法则于单产品的说明范例

Situation	$Order_j$	PB_j	CCR $Layer_k$	Total CCR Layer	Flow Stay time	$Layer_k$ Stay time	LPB_{jk}	SDBR BS_j		LBS_{jk}	$SDBR-SP_{Reentry}$ ΔBS_{jk}	Priority
a	1	18	1	1	16	0	9	89%	*	0%	89%	*
	2	18	1	1	8	1	9	44%		13%	32%	
b	3	24	3	3	16	1	4	67%	*	25%	42%	
	4	24	2	3	16	1	8	67%	*	13%	54%	*

因此，本书推论在 RFS 面对单一产品且属回流制程的状态时，SDBR - $SP_{Reentry}$ 可能会较传统 SDBR 获得较佳的效果。

本章习题

一、计算题

1. 利用 SDBR 派工法则，计算表 3-3 中情况（a）下订单 1 与订单 2 的 BS。

表 3-3　　SDBR 派工法则于单产品的说明范例

Situation	$Order_j$	PB_j	CCR $Layer_k$	Total CCR Layer	Flow Stay time	BS（%）	Priority
a	1	20	1	1	16	?%	*
	2	18	1	1	6	?%	
b	3	24	3	3	16	67%	*
	4	24	2	3	16	67%	*

2. 利用 SDBR 派工法则，计算表 3-4 中情况（b）下订单 4 的 BS 与 ΔBS。

表 3-4　SDBR - $SP_{Reentry}$ 派工法则于单产品的说明范例

Situation	$Order_j$	PB_j	CCR $Layer_k$	Total CCR Layer	Flow Stay time	$Layer_k$ Stay time	LPB_{jk}	SDBR BS_j		LBS_{jk}	SDBR - $SP_{Reentry}$ ΔBS_{jk}	Priority
a	1	18	1	1	16	0	9	89%	*	0%	89%	*
	2	18	1	1	8	1	9	44%		13%	32%	
b	3	24	3	3	16	1	4	67%	*	25%	42%	
	4	24	2	3	12	1	8	?%	*	13%	?%	*

二、填空题

写出以下 BS 派工法则中，X、Y、Z 的内容。

$$缓冲状态（BS）=\frac{生产缓冲时间-剩余交期日}{生产缓冲时间}$$

$$=\frac{生产缓冲时间-（交期-今天）}{生产缓冲时间}$$

$$=\frac{今天-（交期日-生产缓冲时间）}{生产缓冲时间}$$

$$=\frac{(X-Y)}{生产缓冲时间}$$

$$=\frac{Z}{生产缓冲时间}$$

第 4 章　模拟验证与绩效分析

为进一步比较本书所提出之 SDBR－$SP_{Reentry}$、传统 SDBR（称为 SDBR）、K 公司于实务上的做法、关键比率法（Critical Ratio，CR）这四种方法于 RFS 环境中的表现，本书依台湾某多层母板制造厂实际的制造环境，拟建立一个模拟仿真工厂，此工厂采用订单式生产（Make to Order，MTO），以下分别说明此模拟工厂的设定与各项模拟实验的输入值。

4.1　RFS 模拟环境说明

本仿真工厂可生产三种产品：产品 1、产品 2 与产品 3，且分别具有回流制程，各产品所需经过的制造步骤整理于表 4－1。此模拟工厂共有 6 种加工机台，分别为机台 A、B、C、D、E 与 F，各种机台的数量分别为 3 台、2 台、3 台、2 台、2 台与 2 台。此模拟工厂的 CCR 计算方式则依 Russell & Taylor（2005）建议的方法，对每种机台分别计算各种产品在其进行加工时间的总和后再除以其机台数，以得到每一机台的平均负荷，平均负荷最高者为 CCR。计算过程如表 4－2 所示。由表 4－2 可以看出，机台 B 的平均负荷最高，因此机台 B 即为本模拟工厂的 CCR。由表 4－1 可以看出，产品 3 仅经过 CCR 1 次（即回流 0 次），产品 2 经过 CCR 3 次（即回流 2 次），而产品 1 经过 CCR 2 次（即回流 1 次），则其主生产排程（Master Production Schedule，MPS）的规划时间长度定为净加工时间的 3 倍。

表 4－1　　　　RFS 仿真工厂的产品途程

步骤＼产品	产品 1	产品 2	产品 3
1	MA	MA	MA
2	MB	MB	MB
3	MC	MC	MC
4	MA	MA	MA
5	MD	MD	MD
6	MB	MB	ME
7	MC	MC	MF
8	ME	ME	
9	MF	MB	
10		MC	
11		ME	
12		MF	

表 4-2　　RFS 仿真工厂各机台的平均负荷计算　　单位：次

*CCR 机台平均负荷分析							
机台	A×3	B×2	C×3	D×2	E×2	F×2	总和
产品 1	2	2	2	1	1	1	9
产品 2	2	3	3	1	2	1	12
产品 3	2	1	1	1	1	1	7
总和	6	6	6	3	4	3	
平均	2	3*	2	1.5	2	1.5	

4.1.1 传统 SDBR、关键比率法则（CR）与实务上 K 公司的投料派工法则说明

在此模拟实验中，本书选择另外三种方法分别与修正 SDBR 算法比较在 RFS 环境下的执行绩效。以下先分别说明三种方法的执行步骤。

(1) 传统 SDBR 的执行步骤

第一步，计算各产品的 Touch Time，并估算 PB。在起始阶段，分别计算各产品的 Touch Time，并依据实务经验值乘上固定倍数后，估算每个产品的 PB。

第二步，计算 CCR 的已规划负荷（PL）。每当业务接到一张新订单时，先逐一转换该工单未来需使用 CCR 的产能时数，累加到目前 CCR 已规划的负荷上，并确认往后加半个 PB 不会超过客户指定的交期日。

第三步，决定投料计划。将每张工单在 CCR PL 的累加时间点，往前减半个 PB 可推得投料点，依序由现在排到未来可得到完整的投料计划。

第四步，决定派工计划。计算每张在 CCR 前等待加工工单的 BS_{ij} 值，依序由高排到低可得到完整的 CCR 实时派工计划，对于非 CCR（non - CCR）机台采用 FIFO 为派工法则。

（2）关键比率法则的执行步骤

第一步，决定 CCR 派工计划。依公式（4.1）分别计算每张在 CCR 前等待加工工单的 CR 值，即交期剩余时间（分子）占剩余加工时间（分母）的比率，依序由低排到高可得到 CCR 的实时派工计划。

$$\text{关键比率（CR）} = \frac{\text{剩余时间}}{\text{剩余工作}} = \frac{\text{（交期日 - 今天）}}{\text{剩余加工时间}} \tag{4.1}$$

第二步，决定非 CCR 派工计划。采用 FIFO 的原则决定非 CCR 的派工计划。

（3）实务上 K 公司的执行步骤

第一步，决定投料计划。将客户指定的交期日（Due - Date），往前扣一个市场的平均生产前置时间（天）（即 Quoted Lead Time，QLT），依序由现在排到未来可得到完整的投料计划。

第二步，决定派工计划。依公式（4.2）分别计算每张在 CCR 前等待加工工单的修正关键比率（Modified Critical Ratio，MCR），以剩余净加工时间（Remaining Touch Time）的 3 倍作为剩余加工时间的估算，依序由低排到高可得到完整的 CCR 实时派工计划。

$$\text{修正关键比率法则（MCR）} = \frac{(\text{交期日} - \text{今天})}{3\text{ 倍剩余净加工时间}} \quad (4.2)$$

第三步，决定非 CCR 派工计划。采用 FIFO 的原则决定非 CCR 的派工计划。

4.1.2　模拟绩效衡量指标说明

为分析在 RFS 环境下，不同派工方法对交期绩效（DDP）孰优孰劣，本章模拟 SDBR - $SP_{Reentry}$ 与下列三种方法进行比较：①传统 SDBR；②K 公司于实务上的做法（简称为 Method K）；③关键比率法（CR）模式。而绩效衡量指标方面选择了六种与交期相关的绩效指标，分别为：①产出—元—天（＄TDD）；②库存—元—天（＄IDD）；③交期差额时间（Due - Date - Slack - Time）；④工单交期绩效（DDP）；⑤瓶颈机台前平均排队工单数（CCR Average WIP）；⑥工单总流程时间（Flow Time）。

绩效指标的符号说明如下：

OV_j　第 j 笔订单的价值（j = 1，2，…，n）；

CD_j　第 j 笔订单的完工日期（j = 1，2，…，n）；

DD_j　第 j 笔订单的预定交货日期（j = 1，2，…，n）；

WV_j　第 j 笔订单的 WIP 价值（j = 1，2，…，n）；

RD_j　第 j 笔订单的投料日期（j = 1，2，…，n）；

O_{jk}　如果第 j 笔订单在 CCR 机台前等待加工，则为 1；否则为 0（j = 1，2，…，n，k = 1，2，…，o）。

在生产单一产品的 RFS 环境下各绩效指标的计算方法如公式（4.3）至公式（4.8）所示。

$$TDD = \frac{1}{t}\sum_{j=1}^{n} OV_j \times \{Max(0, CD_j - DD_j)\} \tag{4.3}$$

$$IDD = \frac{1}{t}\sum_{j=1}^{n} WV_j \times (CD_j - RD_j) \tag{4.4}$$

$$Due-Date-Slack-Time = \frac{1}{t}\sum_{j=1}^{n}(DD_j - CD_j) \tag{4.5}$$

$$DDP = \frac{1}{t}\sum_{j=1}^{n}\{Max(0, DD_j > CD_j)\} \tag{4.6}$$

$$CCR\ Average\ WIP = \frac{1}{t}\sum_{j=1}^{n}\sum_{k=1}^{o} O_{jk} \tag{4.7}$$

$$Flow\ Time = \sum_{j=1}^{n}\{(CD_j - RD_j) + 1\} \tag{4.8}$$

在公式（4.3）至公式（4.8）中，索引值 j、k 分别代表第 j 笔订单在第 k 层的 CCR 回流层加工，t 代表该次模拟的工单总数，DDP 指标计算时只挑选完成日早于交期日的工单。

4.2　生产单一产品情境的仿真结果与绩效分析

4.2.1　生产单一产品的仿真工单说明

本仿真工厂生产单一产品 2，其仿真工单的变化由下列 3 种因子组成：

(1) 交期松紧度。固定为 3 倍的 Touch Time (Schragenheim & Ronen, 1990)。

(2) CCR 的利用率。模拟 50% 到 100% 之间的 9 种情况。对表 4-2 中的每种机台分别计算产品 2 在其加工时间的总和后再除以其机台数，可得到每一机台产品 2 的平均负荷，依序为 0.67 次、1.5 次、1 次、0.5 次、1 次与 0.5 次，平均负荷次数最高者为 CCR，机台 B 的平均负荷最高，即为本模拟工厂的 CCR。

(3) CCR 的回流次数。此仿真工厂的产品途程固定为表 4-1 中的产品 2，所以为回流 2 次，由此 3 种因子所组成的 9 种情境整理于表 4-3。

表 4－3　　单一产品仿真工单与 CCR 利用率变化表

工单价值						$2　$4　$8
WIP 价值						$1　$2　$3
模拟情境	净加工时间（天）	生产缓冲时间（天）	CCR 利润率	CCR 可用产能（次）	回流次数（次）	产品工单数量
1	12	36	56%	54	2	10
2			61%			11
3			67%			12
4			72%			13
5			78%			14
6			83%			15
7			89%			16
8			94%			17
9			100%			18

4.2.2 生产单一产品于不同 CCR 利用率的绩效分析

图 4－1 表示在不同的 CCR 利用率之下，四种方法所得之平均 IDD 值。由图 4－1 可以看出，当生产缓冲时间为 3 倍净加工时间与 CCR 回流次数固定为 2 次时，SDBR－$SP_{Reentry}$所得到的平均 IDD 值在 9 种 CCR 利用率的情况下均为最小，而以 CCR 的利用率为 100% 时，与其他方法所产生的差距最大。本书推测此种现象是由于 SDBR－$SP_{Reentry}$所加入的分层控制偏差值 ΔBS_{jk}所产生的作用。

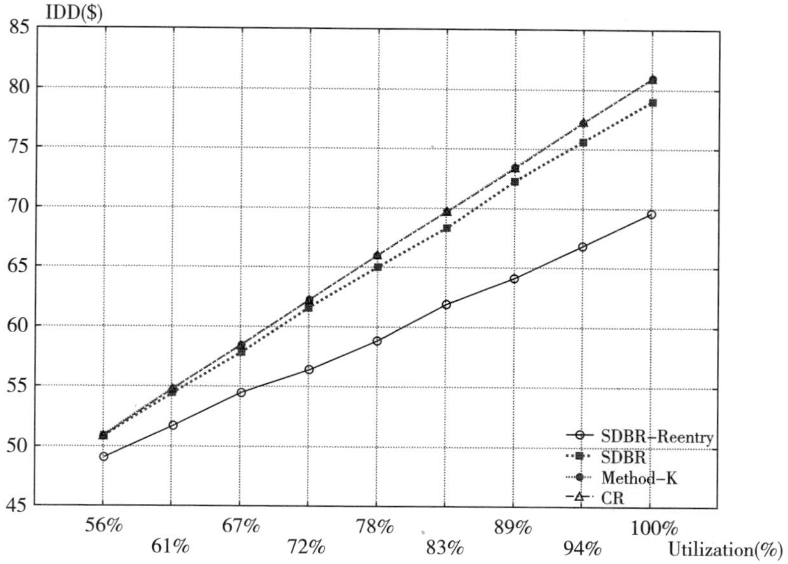

图 4-1　在不同 CCR 利用率下的 IDD 值

图 4-2、图 4-3 和图 4-4 分别表示在不同的 CCR 利用率之下，当生产缓冲时间为 3 倍净加工时间与 CCR 回流次数固定为 2 次时，四种方法所得之平均交期差额时间（Due - Date - Slack - Time）、于 CCR 前的平均排队工单总数（WIP）与总流程时间。由图4-2 可以看出 SDBR - $SP_{Reentry}$所得到的平均交期差额时间在 9 种 CCR 利用率的情况下均为最大，代表 SDBR - $SP_{Reentry}$对交期的保护力较佳。而图 4-3 显示 SDBR - $SP_{Reentry}$所得之于 CCR 前平均排队工单总数，在不同 CCR 利用率的情况下均为最小，其中以 CCR 的利用率为 100% 时，与其他方法所产生的差距最大。本书推测

此种现象是由于 SDBR－$SP_{Reentry}$对各回流层采用偏差值 ΔBS_{jk}执行分层控制所产生的效果。由图 4－4 可以发现，SDBR－$SP_{Reentry}$所得到的总流程时间在 9 种 CCR 利用率的情况下均为最小。

由模拟结果发现四种方法的 TDD 值均为 0 且 DDP 值均为 100%，故不画出其图形效果。

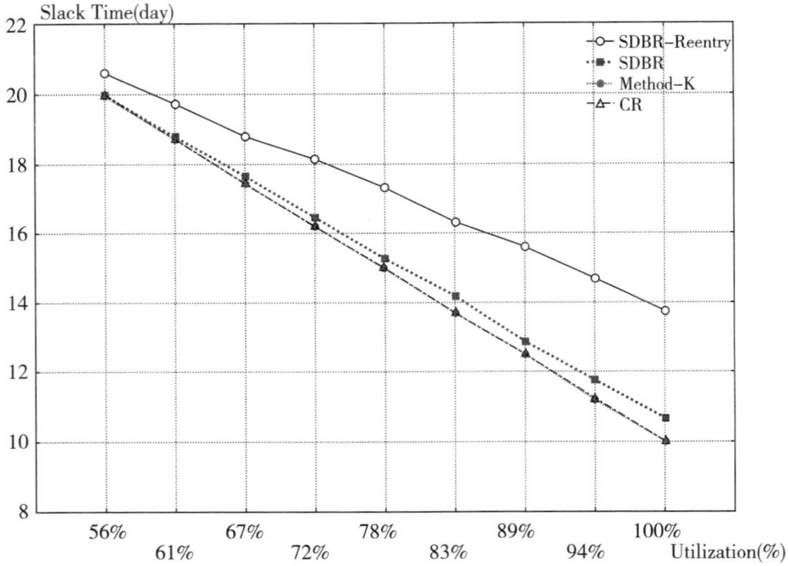

图 4－2　在不同 CCR 利用率下的 Due－Date－Slack－Time 值

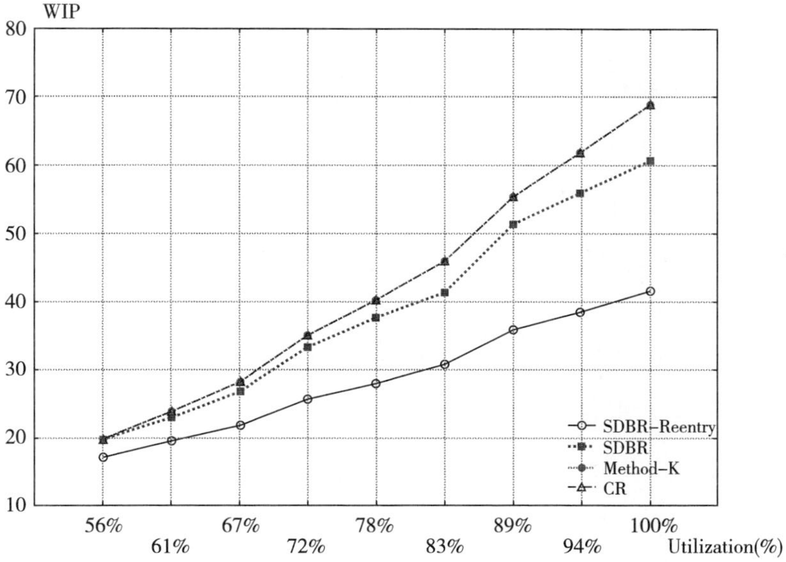

图 4-3　在不同 CCR 利用率下的 CCR WIP 值

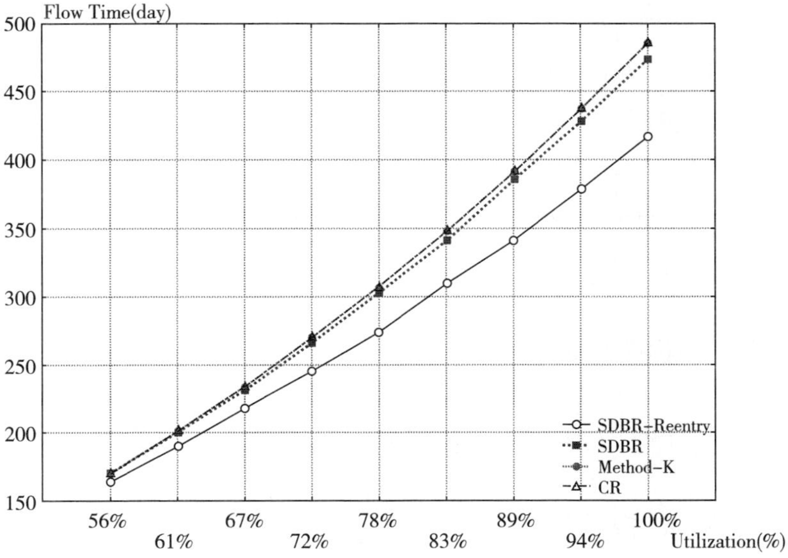

图 4-4　在不同 CCR 利用率下的总流程时间

本章习题

一、计算题

利用 SDBR 平均负荷计算方法计算表 4－4 中：

（1）各机台的平均负荷。

（2）指出哪一个机台是 CCR 机台。

表 4－4　　RFS 仿真工厂各机台的平均负荷计算　　单位：次

＊CCR 机台平均负荷分析							
机台	A×3	B×2	C×3	D×2	E×2	F×2	总和
产品 1	2	2	2	1	1	1	9
产品 2	2	3	3	1	2	1	12
产品 3	2	1	1	1	1	1	7
总和	6	6	6	3	4	3	
平均	?	?	?	?	?	?	

二、填空题

写出以下 CR 派工法则中，X、Y、Z 的值。

$$关键比率（CR）=\frac{剩余时间}{剩余工作}=\frac{X-Y}{Z}$$

第 5 章　SDBR 的绩效指标

为进一步说明 SDBR 的绩效验证方法，本章分析 Schragenheim & Dettmer（2001）提出的下列几点看法。

5.1　管理者面临的问题

管理者最大的挑战是每当需要作出决策时，如何区隔出当下的流程中，何者属于整体组织系统，何者属于局部作业部门。因为组织的成功关键在于整体系统的成功，而不在于模糊关联的个别流程。

传统的管理者认为区隔一个易辨识的系统之基本假设为：组织的整体效率是局部效率的总和。我们现在知道这个假设是错误的。除非与产能受限资源（CCR）相关，否则局部的效率真的不重要。因为 SDBR 观点之基本前提为：整体系统的成功需由不同的测量集合所衡量，而这些反映在财务上则为净利润（Net Profit）、投资报酬率（Return on Investment）与现金流量（Cash Flow）等指标。SDBR 观点认为，首先我们应区分出整体组织的关键流程是什么，以及在何时发生；其次是衡量整体组织的绩效应使用财务上的净利润、投资报酬率与现金流量等指标，并非是简单地假设组织的整体效率是局部效率的总和。除非局部效率的关键是产能受限资源。要达成精准的组织同步化，管理者必须找出一种方式去预测并正确无误地衡量功能性部门的局部决策结果。管理上需要的是一种新的衡量标准集合，它能提高决策的效率与效果。这些衡量标准应该清楚提供，明确地关联在局部决策与整体决策之间。站在整体的角度下作决策能提升组织的整体绩效，而站在局部的角度下作决策只能提升个别部门的绩效。

5.2 传统管理者的绩效衡量方法

传统上净利润（NP）是每个期间总收益与总费用之差，通常还可以细化到每单位产品的边际净利润。投资报酬率（ROI）是将净利润细分为经由投资所产生的利益。此外，传统管理者对有效产出与产量的认知如下：

（1）产量（Output）是某种实体单位；产出（Throughput）是产量的财务性价值。

（2）产量是产品的数量或服务的数量，为非货币性单位，例如千克或产品单位。

（3）产出是产量的确定数量的财务性价值，通常为货币性单位，如美元或英镑。

假如一个公司对净利润、投资报酬率、有效产出与产量的认知如此发散，我们必须去思考这样的绩效衡量方法真的可以一直指引公司作出正确的决策吗？

5.3　SDBR的绩效衡量方法

在限制理论与SDBR中，产出（T）、存货（I）、作业费用（OE）属于作业面的绩效衡量；净利润、投资报酬率、现金流量则属于财务面的绩效衡量。SDBR重新定义了如表5－1所示的三项作业面的绩效衡量指标。

表5－1　SDBR对照传统观点定义下的三项作业面的绩效衡量指标

指标	SDBR	传统观点
1. 有效产出（Throughput；T）	透过销售产生现金的速度	总销售收入扣除总变动成本
2. 存货（Inventory；I）	为了获得有效产出而必须投入的存货	原料，在制品与成品
3. 作业费用（Operation Expense；OE）	使存货转换为有效产出所必须投入的资金	生产存货必须投入的资金

接下来我们以一个典型的例子来说明传统管理者

与 SDBR 观点之间的明显差异。表 5－2 是传统成本会计与有效产出会计的决策支持之间的差异情况。

表 5－2　　传统成本会计与有效产出会计决策支持差异

项目	传统成本会计	有效产出会计
每周固定费用	$6 000	$6 000
每周预测销售个数	150 个	150 个
售价	$88.00	$88.00
变动成本	$45.00	$45.00
费用分配	$40.00	—
毛利	$3.00	—
有效产出	—	$43.00
总净利	$450	$450

注：引用 Schragenheim 与 Dettmer（2001）。

假设给定数据：

（1）每单位售价 = $88；

（2）每单位变动成本 = $45；

（3）每周固定费用 = $6 000；

（4）每周预测销售个数 = 150 个（费用分配 = $6 000/150 = $40）。

分析如下：

（1）传统成本会计观点：

毛利 = $88 － $45 － $40 = $3（不计算产出）

总净利 = $3 × 150 = $450

（2）有效产出会计观点：

每单位产出 = \$88 - \$45 = \$43

总净利 = (150 × \$43) - \$6 000 = \$450

虽然两种会计观点的结果相同，产出总净利都为\$450，但是产出会计方法节省了费用分配程序，节省了作决策的时间。

表 5 -2 的例子中，费用分配在有效产出会计下发生了什么事？看完表 5 -3 案例你将发现其中的差异。

如果现在每周固定需求数为 150 个，有一个新客户再多需要 50 个（要 5% 折价的客户）。如果有足够产能满足此订单而不需购置新机台或增加工人与加班，那么在这张新订单上我们将赚钱还是赔钱？表 5 -3 是这个问题以传统成本会计方法进行分析的答案（假如同意 5% 折价）。

表 5 -3　　传统成本会计的分析

售价	\$83.60（\$88.00 ×95%）
变动成本	\$45.00（不变）
费用	\$40.00（不变）
每单位利润	（ - \$1.40）
新增订单数量单位	50 个（新客户需求）
新订单损失	（ - \$70.00）

毛利 = \$83.6 - \$45 - \$40 = - \$1.4，再多卖出 50 个，将发生 \$70 的损失，我们当然会拒绝这张订单。我们再来看看 SDBR 下，这个问题在有效产出会计

决策支持分析的答案又会如何？请看表5－4有效产出会计的分析。

表5－4　　有效产出会计的分析

售价	$83.60
变动成本	－$45.00
每单位产出	+$38.60
现在市场需求	每周150个
潜在新订单	每周50个
现存的需求约当T（150×$43）	$6 450
潜在新订单约当T（50×$38.6）	$1 930
总预计约当T（$6 450+$1 930）	$8 380
作业费用	－$6 000
净利	$2 380.00
增加的净利（$1 930/$450）	430%

传统成本会计建议我们拒绝这张新订单，因为总净利=（$83.6－$45－$40）×再多卖出的50个=－$70。相反，有效产出会计建议我们接受这张新订单，因为总净利=$8 380－$6 000=$2 380。这说明若我们以传统成本会计的决策将放弃新订单的约当T（$1 930），也就是我们放弃增加超过4倍（430%）获利的机会。两种方法重要的计算差异在于：在传统成本会计下将固定费用分摊到每单位售价中；而在有效产出会计下是先计算总产出（收入－变动成本）后，再减去固定费用。在以上案例中传统成本会计告诉我

们拒绝这张订单，因为会损失 $70；有效产出会计却告诉我们接受这张订单，因为在不增加作业费用下会多赚 $1 930。换句话说，我们发现先分摊固定费用与先计算总产出后再减去固定费用的分析差异，对最后的决策将产生重要的影响。传统成本会计：毛利 = $88 - $45 - $40 = $3（不计算产出），总净利 = $3 ×150 = $450。产出会计：每单位产出 = $88 - $45 = $43，总净利 =（150 × $43） - $6 000 = $450。两者在未增加折价新订单的情况下结果无差异。两者在增加新订单 50 个的情况下计算结果（假如同意 5% 折价新订单的情况下）为：传统成本会计：毛利 = $83.6 - $45 - $40 = - $1.4，再多卖出 50 个将发生 $70 的损失，我们当然会拒绝这张订单。产出会计：总净利 = $8 380 - $6 000 = $2 380，所以我们接受这张订单。若我们以传统成本会计的决策将放弃 $1 930（$2 380 - $450），以及增加超过 4 倍（430%）获利的机会。两者在增加折价 5% 新订单的情况下决策结果完全相反。

由此，我们得出结论：传统成本会计以单位产量（Output）之成本观点来看收益与净利的结果；产出会计则以总产出（Throughput）并考虑在不增加固定费用（机台与人工）的整体观点来看收益与净利的结果，吾人在作局部决策时当认真思索两者所带给公司的实际利益何者较佳。

5.4 SDBR 的作业决策指引

既然 SDBR 认为增加 T 很重要，SDBR 提出一些透过控制内部 CCR 来增加 T 的作业决策指引：

（1）维护 CCR 的保护产能。保护产能，是指非 CCR 的最大产能大于 CCR 产能的额外部分，如式（5.1）所示。

保护产能 = 非 CCR 的最大产能 − CCR 的产能 （5.1）

（2）当 CCR 不能满足所有需求时，在所有生产线中选择那个能提供最高的总有效产出之选项。

（3）先制造在 CCR 资源生产时能提供每单位最高的有效产出者，如式（5.2）所示。

CCR 的派工优先级 = Max（有效产出 ÷ 每单位 CCR 的生产时间） （5.2）

我们来看看下面的例子：

假设我们有产能限制且每月的固定循环生产方式有两个选择。第一个选择是生产与销售的订单能产生 $10 000 的收入，但将消耗每天 10 小时的 CCR 资源；第二个选择是销售我们最小利益的产品，每单位产品能产生 $1 000 的产出，但将消耗每天 1.5 小时的 CCR

资源。这个产品有一个虚拟的无限市场，上述两项工作这个月都能做到，我们该选哪一个呢？分析如下：

第一个选择：我们发现这个选择将使 CCR 资源每天的产能产生每小时 \$1 000 的收入（\$10 000/10 小时）；

第二个选择：我们使用 CCR 资源时能产生每小时 \$666.67 的收入（\$1 000/1.5 小时）。

利用式（5.2），显然第一个选择较完美。

对这个例子的分析说明以下假设是有效的。第一，当 CCR 经过辨识是产能限制时，它能有效利用工厂中的全体产能，并决定收入（产出 T）。第二，假如有超过一个 CCR，我们不能利用某一个 CCR 去最大化产出 T。第三，假如我们没有内部的 CCR，则工厂将拥有额外产能，我们可以利用它为客户提供附加价值，例如客制化产品、快速交货，或不一样的产品与服务。第四，对那些可能变成 CCR 的资源小心监控，例如当某些机台的生产负荷改变时。

（4）投资报酬率（ROI）相较于（ΔT - ΔOE）/ΔI，当有几个可能的选择时，选择最高比率的那一个。假如你要为工厂购置一条自动化生产线，有两条生产线可供选择。这两条生产线对相同产品能提供相同的产出数量，且耗费相同的操作费用，这意味着在处于相同市场需求环境的前提下，每条自动化生产线将产生相同的收益。A 生产线的售价为 \$300 000，B 生产线的售价为＄750 000，则A将提供较好的投资报酬率。因为（$\Delta T_A - \Delta OE_A$）/ $\Delta I_{300\,000}$ >（$\Delta T_B - \Delta OE_B$）/ $\Delta I_{750\,000}$，则应选择有较高比率的A生产线。

（5）要决定ΔT，先计算预期的新T与现行水平T之间的差距。因为CCR能决定最大化的T，我们作决策时就必须知道是否现行存有内部限制。如果内部限制已经存在，我们需要知道决策是否将导致它漂移到不同的资源上。如果它没有漂移则原来的产品优序依然有效；如果它漂移了则新的产品优序必须确立。

（6）大多数增加的有意义的OE来自于购买的额外产能。例如雇佣更多人工（OE）、增加班别（OE）、加班（OE）、购买更多设备（I）。如果产能扩充证实是必要的，则首先要考虑的是资源接近形成限制的地方，或是非限制但可能成为限制的地方。若外包生产工作能满足特定客户的合约时，将考虑的是产出的变动成本而不是增加的固定作业费用。

（7）即使很难去评价ΔT与ΔOE，但ΔT－ΔOE＞0这个规则比起其他规则应用起来更简单。如果我们无法取得ΔT与ΔOE的详细数据，如无法取得前一期的T、OE与本期的T、OE，则在仅仅知道前一期与本期差额的情况下，我们仍能作决策。

（8）其他规则。首先，我们要能区分产出（Throughput）、产量（Output）、结果（Outcome）三者在实际应用上之差别。产出是产量确定数量的财务性价值，通常为货币性单位，如美元或英镑。产量是产品的数量或服务的数量，为非货币性单位，如吨或产品单位。结果则是一种整体状态的完成或结束之描述，非指货币或非货币单位。其次，传统成本会计以单位产量（Output）之成本观点来看收益与净利的结果；产出会计则以总产出（Throughput）并考虑在不增加固定费用（机台与人工）的整体观点来看收益与净利的结果，而我们应建立一个观念就是：因购买额外的产能所增加的费用才是有意义的，如雇佣人工（OE）、增加班别（OE）、加班（OE）、购买设备（I）。如果扩充产能是非常必要的，则首先应予考虑的是将资源投入接近形成限制的地方，或可能成为限制的地方。最后，采用SDBR作决策时需谨记 $\Delta T - \Delta OE > 0$ 的原则。

5.5　其他国际学者的SDBR决策指引建议

一些国际学者进一步建议SDBR的绩效指标可区分为下列3类层级，共9项指标：

（1）整体层级测量绩效指标（Goldratt，1983）。整体层级测量指标包括净利润（NP）、投资报酬率（ROI）和现金流量（CF）。SDBR可利用这些绩效指标对企业整体状况进行测量，但这些指标在其他子层级是不适用的。

（2）工厂层级测量绩效指标（Goldratt & Cox，1984）。为弥补在整体层级和流程层级的绩效衡量差距，Goldratt & Cox（1984）建议利用 T、I 以及 OE 作为工厂层级测量绩效指标。工厂层级测量绩效指标的主要功能是透过强调使公司利润最大化的同时达到提高 T 与降低 I 和 OE 的目标。

（3）流程层级测量绩效指标（Goldratt，1988）。Goldratt（1988）介绍了 3 种流程层级绩效指标——有效产出元天（TDD）、存货元天（IDD）与局部型 OE，作为 SDBR 监控基层日常运作效率的措施。Ho & Li（2004）进一步提出 TDD 与 IDD 的数学式。IDD 指标的意义是站在部门局部观监控现场各部门的管理行为，希望各部门管理者能缩短每笔订单停留在该部门的流程时间，换句话说就是加快制造速度或减少不必要的等待时间。因此，IDD 指标的目标值越小越好，但不为零，如式（5.3）所示。

IDD = 在制品 WIP 订单价值 ×（完成日期 - 投料日期） (5.3)

TDD 指标的意义在于站在整体观监控现场的管理行为，希望现场管理者能重视每笔订单都准时交货，换句话说就是无延迟时间发生。因此，TDD 指标的目标值是零，如式（5.4）所示。

TDD ＝订单价值 × Max（0，完成日期 － 交货日期）　　(5.4)

我们利用表 5－5 说明 IDD 与 TDD 的计算。由式（5.3）可得 IDD 计算如下：

（1）产品 Y 的 IDD

＝在制品 Y 的订单价值 ×（完成日期 － 投料日期）

＝（95 × 20）×（23.75 － 0）＝ $45 125

（2）产品 Z 的 IDD

＝在制品 Z 的订单价值 ×（完成日期 － 投料日期）

＝（20 × 35）×（6.27 － 0）＝ $4 389

（3）产品 U 的 IDD

＝在制品 U 的订单价值 ×（完成日期 － 投料日期）

＝（70 × 35）×（42.45 － 0）

＝ $104 002

由式（5.4）可得 TDD 计算如下：

（1）产品 Y 的 TDD

＝订单 Y 的价值 × Max（0，完成日期 － 交货日期）

＝（95 × 60）× Max（0，23.75 － 39）

＝5 700 × Max（0，－15.25）

=5 700 × 0 = $0

（2）产品 Z 的 TDD

=订单 Z 的价值 × Max（0，完成日期 - 交货日期）

=（20 × 100）× Max（0，6.27 - 10）

=2 000 × Max（0，-3.73）

=2 000 × 0

= $0

（3）产品 U 的 TDD

=订单 U 的价值 × Max（0，完成日期 - 交货日期）

=（70 × 70）× Max（0，42.45 - 35）

=4 900 × Max（0，7.45）

=4 900 × 7.45

= $36 505

表 5-5　IDD 与 TDD 的范例

产品	产品数量（件）	材料成本（元）	总成本（元）	单价（元/件）	售价（元）	流程时间（天）	交货日期（天）	延迟日期（天）	IDD（元）	TDD（元）
Y	95	20	1 900	60	5 700	23.75	39	0	45 125	0
Z	20	35	700	100	2 000	6.27	10	0	4 389	0
U	70	35	2 450	70	4 900	42.45	35	7.45	104 002	36 505

注：引自 Ho & Li（2004）。

本章习题

一、简答题

1. SDBR对照传统观点定义下的三项作业面的绩效衡量指标是什么？

2. 保护产能的定义是什么？

3. 请说明CCR的派工优先级的含义。

4. $IDD与$TDD的定义是什么？

5. SDBR的绩效指标可区分为3类层级，共9项指标，分别是什么？

二、选择题

1. 管理者最大的挑战是每当需要作出决策时，如何区隔出当下的流程中，何者属于(　　)，何者属于局部作业部门。

A. 局部组织系统　　B. 整体组织系统

C. 金钱　　D. 股东

2. 传统的管理者认为区隔一个易辨识的系统之基本假设为：组织的整体效率是(　　)的总和。

A. 局部效率　　B. 整体效率

C. 限制资源效率　　D. 人力资源效率

3. SDBR观点认为，首先我们应区分出(　　)的关键流程是什么，以及在何时发生。

A. 局部组织　　B. 整体组织

C. 市场组织　　D. 虚拟组织

4. 传统管理者认为有效产出（Throughput）是(　　)的财务性价值。

A. 政策　　B. 市场

C. 产量　　D. 数量

5. 传统管理者认为产量是产品的数量或服务的数量，为(　　)单位。

A. 非货币性　　B. 货币性

C. 市场　　D. 美元

6. 传统管理者认为产出是产量的确定数量的财务性价值，通常为(　　)单位。

A. 非货币性　　B. 货币性

C. 市场　　D. 美元

7. 在限制理论与SDBR中，(　　)属于作业面的绩效衡量。

A. 净利润　　B. 投资报酬率

C. T、I、OE　　D. 现金流量

8. 在限制理论与SDBR中，(　　)属于财务面的绩效衡量。

A. 弹性　　B. 顾客满意度

C. T、I、OE　　　　　　　　D. 净利润

9. 在限制理论与 SDBR 中，有效产出（Throughput）是指(　　)。

A. 为了获得有效产出而必须投入的存货

B. 使存货转换为有效产出所必须投入的资金

C. 作业费用

D. 透过销售产生现金的速度

10. 在限制理论与 SDBR 中，存货（Inventory）是指(　　)。

A. 为了获得有效产出而必须投入的存货

B. 使存货转换为有效产出所必须投入的资金

C. 作业费用

D. 透过销售产生现金的速度

三、改正题（请将画线部分的错误更正为正确的内容）

1. 在传统成本会计中，将固定费用加入到每单位售价中。

2. SDBR 中，产出会计先计算毛利（收入 - 变动成本）后，再减去固定费用。

3. 传统成本会计以单位产量（Output）之收入观点来看收益与净利的结果。

4. 产出会计以总产出（Throughput）并考虑在不增

加固定费用的利润观点来看收益与净利的结果。

5. 保护产能是指非 CCR 的最大产能等于 CCR 产能的额外部分。

6. 当 CCR 不能满足所有需求时，在所有生产线中选择那个能提供最高的总成本之选项。

7. 先制造在 CCR 资源生产时能提供每单位最低的有效产出者。

8. 大多数增加的有意义的 OE 来自于购买的额外材料。

9. 如果扩充产能是非常必要的，则首先应予考虑的是将资源投入接近形成利润的地方。

10. Goldratt & Cox（1984）建议利用 T、I 以及 OE 作为整体层级测量绩效指标。

11. Goldratt（1988）介绍了 3 种流程层级绩效指标：净利润、投资报酬率与局部型 OE。

12. IDD 指标的意义是希望各部门管理者能缩短每笔订单停留在该部门的流程时间，换句话说就是加快制造速度或减少不必要的等待时间。因此，IDD 指标的目标值是0。

13. TDD 指标的意义在于站在部门观监控现场的管理行为，希望现场管理者能重视每笔订单都准时交货，换句话说是无延迟时间发生。

四、计算题

1. 计算表 5 – 6 中传统成本会计与有效产出会计的总净利。

表 5 – 6

	传统成本会计	有效产出会计
每周固定费用	$6 000	$6 000
每周预测销售个数	150 个	150 个
售价	$88.00	$88.00
变动成本	$40.00	$40.00
费用分配	$40.00	—
毛利	$8.00	—
有效产出	—	$48.00
总净利	$?	$?

2. 假设我们有产能限制且每月的固定循环生产方式有两个选择。第一个选择是生产与销售的订单能产生 $20 000 的收入，但将消耗每天 5 小时的 CCR 资源；第二个选择是销售我们最小利益的产品，每单位产品能产生 $2 000 的产出，但将消耗每天 0.5 小时的 CCR 资源。这个产品有一个虚拟的无限市场，而以上这两项工作这个月都能做到，请问我们应该选哪一个？

3. 计算表 5 – 7 中产品 Y 与 U 的 IDD 与 TDD？

表 5－7

产品	产品数量（件）	材料成本（元）	总成本（元）	价格（元/件）	售价（元）	流程时间（天）	交货日期（天）	延迟日期（天）	IDD（元）	TDD（元）
Y	70	35	2 450	60	4 200	23	39	0	?	?
U	95	20	1 900	70	6 650	42	35	7	?	?

第6章　传统 SDBR 论点

本章我们探讨 Schragenheim & Dettmer（2001）在 *Manufacturing at Warp Speed* 一书中提出的对传统 SDBR 观点的精辟看法。传统型鼓缓冲绳方法（Traditional DBR）与缓冲管理（BM），在传统生产管理中成功地扮演了关键的角色。我们发现不论在何种生产管理环境里，最需要的可能只是掌握一种在系统稳定之前来减少误差的控制。我们透过观察传统 DBR 的贡献性的结论，以确保能够了解传统 DBR 的基本原则和观念。虽然传统 DBR 的确解决了大部分的存货型生产（Make - to - Stock，MTS）问题，但就像手算数学题一样，是有点烦人的。所以，我们需要改用计算机来解决这些烦人的问题。传统 SDBR 就是为此而发展出来的。SDBR 无法完全提高我们在计算机上对问题的输入效率，但它却更易于导入订单型生产（Make - to - Order，MTO）问题，并达到与 MTS 环境下相同的效果。因此，当我们充分了解了 SDBR 之后，你将不禁会问自己，"为何不一开始就在我们的制造系统中使用 SDBR"？

6.1 传统 DBR 在应用上的难处

没有任何一个系统是完美的，特别是要改善材料需求规划（Material Resource Planning，MRP）系统时，使用传统 DBR 会遇到一些困难。这些困难主要总结为以下 9 点。

6.1.1 分散的缓冲时间

当企图保护一个特定的工作站或是瓶颈时，DBR 使用三种缓冲形态，这会削弱对整体的保护。三种缓冲区都要存在才能发挥作用，每个缓冲区只保护自己的区域，但是如果提前完成了任务，剩下的时间也不能用于保护后面的区域。例如，我们想象一下所有介于发料与 CCR 步骤的功能皆正常，此时一个工单在 CCR 尚未准备好之前就抵达了并且处于等待。在 CCR 将这份工单处理完成之后，就把它移到出货区。虽然出货区有自己的出货缓冲时间（Shipping Buffer，SB），但是它毕竟是没办法分割的。假设有些错误发生在 CCR 缓冲区与出货缓冲区之间的话，在处理错误的同时可能会消耗掉所有（或是更多）的出货缓冲时间。此时，SDBR 方法认为应该可以利用一些尚未用完的 CCR 缓冲或是从未使用的 CCR 缓冲，来帮助我们填补那些在处理错误时所消耗掉的出货缓冲时间。

6.1.2　超过一种以上的缓冲时间类型

假设我们事先知道DBR实际的制造前置时间（LT）可能会小于MRP计算的时间，此时，这三种缓冲可以加入比实际上要多的前置时间以弥补其对整体保护的不足。此外，三种缓冲自身也会产生不同的需求，而这些需求与全体需求之间的冲突更难控制。比如，当两种不同的订单同时间占用到不同的缓冲区，如一个订单在出货缓冲，而另一个订单在CCR缓冲，此时哪一个有优先权？这时作业员会很难作出选择。如果两种不同的订单同时渗透入一种缓冲区，其选择会很明确，即优先权将会落在缓冲渗透较深的那笔订单上，但是不同的缓冲，答案就不那么明确了。

6.1.3　排程稳定性

善变的顾客特性往往使得CCR难以维持稳定的排程。假设订单是我们安排生产的唯一依据，且需要安排未来三周的排程。现在，我们额外承诺了一位对我们未来很重要的新顾客，但是我们将要利用未来两周来完成此新订单。显然，唯一的办法就是在本周主生产排程的某一时段插入这个新订单，这样自然要更改原来已安排好的CCR排程。同时，我们也需要确保其依序递延后的订单仍能维持它们承诺的运送交期。假使无法做到，我们可能要另外寻找方法，譬如节省在CCR的整理、准备时间，但也要考虑到，如此一来，接着需要更改整个 CCR 排程。

我们再来考虑另一种情况：一位顾客取消了订单，或订单延后一个月。这是常见的情况，但也使我们面临进退两难的选择。我们短期内失去了这笔订单的收入，我们应该让 CCR 就这样闲置吗？或者应该对 CCR 重新作排程，先生产其他的订单以保留未来的潜在收入（只要我们能确定所需物料实际能否到达 CCR）？在现实复杂的操作系统中，加上没有软件的帮助，以上的情况将使 CCR 排程（或重排程）与取得投料排程变得特别困难。

6.1.4 过剩的组装缓冲

在传统 DBR 中会提出设立组装缓冲的原因是，当 CCR 需要加工某些工件时（同时这些工件会耗用很多 CCR 的时间），我们应该确保这些珍贵工件进入市场的速度越快越好，因此没有必要将组装缓冲时间花在那些并不是最重要的次组装部位上。换句话说，他们不该等待那些未使用 CCR 并在次装配线上加工的工件。但是经过 CCR 加工的珍贵工件与在次装配线上加工的工件都必须准时在装配点彼此组装，并在客户要求的时效内准时送达。因此我们需要思考一下，是否真的需要过早加工在次装配线上等待加工的工件呢？如果缓冲的主要想法是不断地在最弱的地方累积最大的保护的话，应该只需要保留 CCR 缓冲及出货缓冲而不是组装缓冲。通常投料工单是根据CCR的排程而定的；反之，若是自由产品（当物料不需要经过CCR的时候），其排程就只需要依据出货缓冲而定即可。组装缓冲的主要功能只是额外增加一些投料时间给非CCR加工的工件。严格来说，组装缓冲也属于出货缓冲的一部分，也许该将两者视为一体。

或许我们需要此种组装缓冲的做法，就像是我们原本是将出货缓冲的长度设计为覆盖CCR到出货缓冲之间的长度，因为需要较长的缓冲帮助处理非CCR加工工件，传统DBR在CCR后的装配点增加组装缓冲，协助经过CCR加工的珍贵工件与经过次装配线的非CCR加工工件在装配点组装。由此观之，组装缓冲并不是一种独立的缓冲而仅仅是出货缓冲的一部分。假设组装缓冲存在于任何的组装线上，这是对传统DBR常见的误解。但是组装缓冲只能设置在CCR之后的非CCR次装配线上，且协助CCR的珍贵工件与非CCR的工件在装配点上组装。工作中心只组装非CCR的工件或只组装CCR的珍贵工件时，是不需要设置组装缓冲的。

6.1.5　一致的缓冲长度

生产组织会想将所有的生产缓冲时间都设定成一致的缓冲长度。传统DBR并不鼓励使用不一样的缓冲长度，但也没有限制。在大部分环境下，不同的产品，可能会有不同的前置时间。产品 A 是由 2 种作业程序构成的，而产品 Z 则是由 200 种作业程序所构成，将这两个产品的缓冲时间设定成一样长度，显然是不合理的。一个恰当的产品 Z 的缓冲长度也许需要 2 个星期，但是产品 A 可能只需要 2 天，如果将两种产品的缓冲长度都设置为 2 个星期，产品 A 真的需要这么长时间的缓冲保护吗？不可否认，每个产品在前置时间内都会有不同程度的差异，当然也就会有不同的缓冲时间。假如差异程度很小时，例如，9 天与 10 天的差别，也许这个问题点就不太重要；但是如果是 3 天与 12 天的差别时，设置一个不同长度的缓冲保护区是合理的。

6.1.6 工单

在传统 DBR 中，当出现工件可以提供给 2 个以上的组装点共享时，则特定工单将产生共享零件（common parts）的问题。例如，图 6－1 中，DBR 方法无法事先决定共享零件 C 该提供给产品 A 还是产品 B 加工。因为 CCR 排程中的共享零件排程指的是该零件真正开始加工的时间，也就是 CCR 要优先开始加工已等待加工的共享零件。例如，共享零件 X234 可同时提供给工单 A 与工单 B 使用；在 CCR 排程中，工单 A 注明：加工 100 单位的共享零件 X234 且需使用 CCR 共 90 分钟；在 4 月 5 日下午 2：00。这表示我们希望 CCR

在那个时间准时开始加工共享零件 X234。假如 CCR 在 12：30 已完成前一笔工单，同时 X234 已在 CCR 前等待，则 CCR 可以比原定 2：00 提早在 12：30 加工零件 X234。然而，若生产工单 A 的非 CCR（位置在 CCR 后面）不能同时提早于 4 月 5 日下午 2：00 前加工零件 X234，这时在 DBR 中共享零件 X234 也无法临时调整给工单 B 使用。这是造成应用 DBR 方法的另外一种困扰。

6.1.7　挪料

这跟前面所谈的工单有关。当一个机台比其他机台更需要共享零件时，我们称之为挪料（Stealing），这相当常见于 V 型工厂。传统 DBR 的解决方式是将共享零件指派到分段作业上（例如，所投入的物料可能会有一个以上的后段作业程序），而不要提前开工。然而，这只能解决局部的问题。我们来看下举例图 6－1。

假设产品 A 与产品 B 需要共享零件 C。3 月 1 日需要 100 个产品 A，3 月 5 日需要 80 个产品 B。机台 24#的共享零件 C 于产品 A 的开始时间不得早于 2 月 15 日。机台 39#的共享零件 C 于产品 B 的开始时间不能早于 2 月 21 日。假设产品 A 所需的共享零件 C 实际的抵达日期是 2 月 19 日，但是机台 24#仍在处理上一批订单，所以 100 个共享零件 C 就闲置在那边。此时若没有“产品 B 的开始时间不能早于 2 月 21 日”的条件，

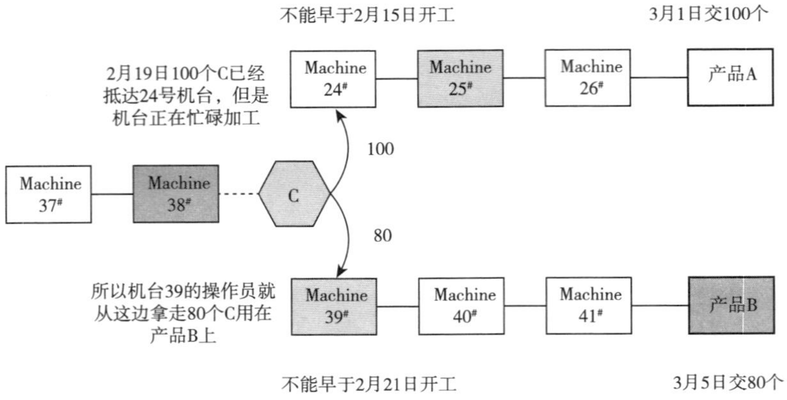

图 6－1　挪料图例

机台 39#将立即开始加工 80 个共享零件 C。然而，2 天后，即 2 月 21 日，机台 24#仍然很忙碌。同时因为某些延迟因素，产品 B 的共享零件 C 没办法在 2 月 28 日前抵达，机台 39#的作业员并没有发现这个问题。根据行事历，机台 39#可以开始加工共享零件 C，所以机台 39#的作业员从产品 A 的 100 个共享零件 C 中拿走 80 个用于生产产品 B。当机台 24#可以开始加工产品 A 时，却发现只有 20 个共享零件 C，而其余的 80 个将在 2 月 28 日抵达。但是产品 A 的出货期是 3 月 1 日，却因为机台 39#挪料的原因而无法顺利出货。因此可以看出，传统 DBR 在“挪料”上只能解决部分问题。

6.1.8　作业员的困惑

另一个问题是当共享零件处在一个 V 型工厂的分支点上时是令人困惑的，见图 6－2。想象一个产品 A

正在非限制资源机台 24#上运作，另外，机台 24#可加工包括产品 A 在内的 10 种不同的产品，其中 5 种产品需要共享零件 C，其他的则需要共享零件 Q。机台 24#需要共享零件 C 的 5 种产品有“不能提早开工”的限制，其他 5 种产品并没有此限制。当共享零件 C 与 Q 同时抵达机台 24#时，传统 DBR 若未指定哪种产品有优先权使用共享零件 C 或 Q 时，机台 24#的作业员对应该先生产哪种产品将产生困惑。

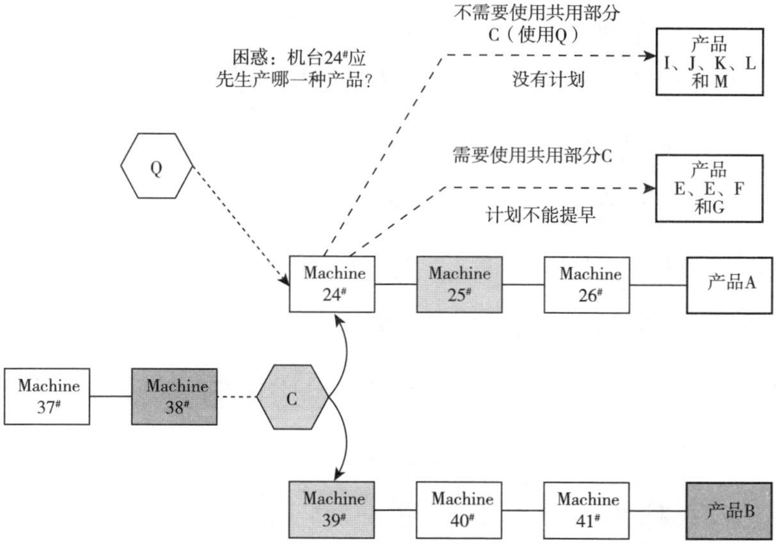

图 6－2　作业员的困惑

6.1.9　自动收集资料

很明显在制造过程中有越多的排程需要制定就越需要依靠计算机系统来产生这些排程表。例如，计算、收集与打印共享零件的排程都需要计算机系统。就算使用一套标准的 MRP 系统去产生每个步骤的时程表也是不太容易的一件事。

6.2 SDBR：简单、有效率

本节我们介绍一个完整的 SDBR 方法，它不仅包含传统 DBR 所有的优点，而且可以在不创造新的理论的情形下，用来解决 6.1 节的 9 个 DBR 问题。

SDBR 适合应用于绝大多数的制造业环境里，甚至可以应用于被传统 DBR 认为是非常复杂的环境中。当然，在有些情况下传统 DBR 还是有它的优势之处，这在后面将会有更详细的探讨。但是在一般情形下，SDBR 比传统 DBR 更容易应用于广泛的生产形态。SDBR 包括传统 DBR 所有的逻辑与基本假设，对许多组织而言，也许最重要的是 SDBR 可以支持现有的 MRP 软件。首先，在相同的情况下，SDBR 比传统 DBR 少了对内部 CCR 的事先排程工作。其次，SDBR 只有唯一的缓冲——出货缓冲（Shipping Buffer，SB），同时对任何的工作中心都不需要事先开展详细的排程工作。传统 DBR 与 SDBR 的主要差别在于有没有事先对内部 CCR 做排程工作。SDBR 新增一种新的控制指标即已规划负荷（Planned Load，PL）来取代传统 DBR

事先对内部CCR的详细排程工作。换句话说，SDBR不采用事先对内部CCR进行排程工作，而是利用PL来确保整个内部生产流程的顺畅。

6.2.1　SDBR的基本假设

在SDBR上仍包含许多传统DBR的基本假设。第一个也是最重要的假设是，组织绩效总是受限于市场限制。同时，内部或系统的其他资源会交互影响市场需求，如此，内部限制不可避免地会自然产生，但限制移转的频率不会太高。内部CCR只存在于当需求大于供给时，同时也是公司绩效不佳的地方（例如，顾客满意度不佳）。另一方面，管理者始终知道波动的市场需求让产能负载计划更难实施。换言之，市场限制总是存在的。我们必须认清楚一个事实，公司最大的挑战永远是开发出更多的市场需求，例如在市场不景气时，如何刺激消费与创造新需求；而不是在波动的市场需求下，透过事先对内部CCR详细的排程工作来因应市场变化。第二个假设是，内部限制是暂时的，即内部的CCR资源只是短暂地处于市场需求超过CCR的最大产能，而当市场需求回到长期不足时，内部的CCR资源会有多余产能。当此情形发生时，交期的不准确率会让客户满意度与忠诚度同时下降。接下来我们用图6-3来解释以上两个假设。图6-3代表的是一个时段，或许是一整年。虚线代表内部CCR的最大产能，实线代表市场对我们产品的浮动需求，也许它是季节性的或是一个时段的趋势，例如半年或每季。

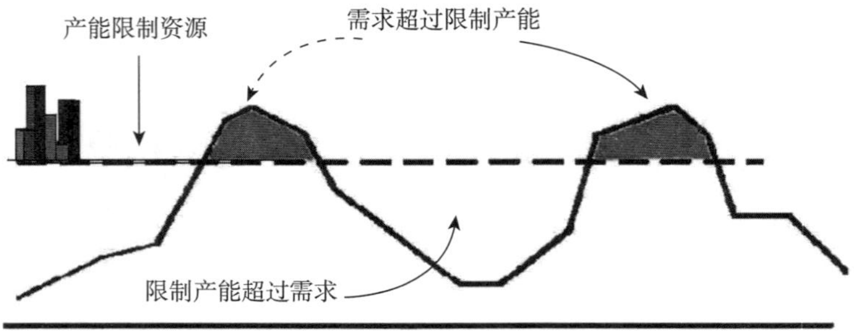

图 6－3　需求与产能的困惑

图 6－3 的整个时段，比如一年之中有两个小时段处于市场需求短暂地超过内部 CCR 的最大产能，但是这年之中大多数的时段都处于过剩产能状态。除了独占市场之产品，这种情况在现实中几乎处处可见。在独占市场中，市场上没有另一个竞争者可以提供相同或相似产品。如果公司未能准时将产品送达市场，市场需求也不会流向另一个竞争者手中，公司没有动机去保持产能，自然而然整年的 CCR 产能计划应该接近满载的状态。换句话说，我们不是处于独占市场中时，SDBR 就需要弹性利用这两个交互的限制：外部市场限制与内部 CCR 限制。

6.2.2　SDBR 的操作策略

6.2.2.1　追随市场

明确来说，组织系统大部分时间都有多余产能可用，系统限制资源通常受限于市场需求。如果 5FS 指挥所有非限制资源追随系统限制资源，进而去满足市场需求，也许这没办法完全做到，但是如果公司不想失去这个商机的话，却仍然要以顾客需求为先。让我们来想想下面两个问题：

①我们在乎顾客满意度吗？

②如果“在乎顾客满意度”，为什么？

如果第一个问题的回答是“是”的话，这也就暗示说，你承认客户是有可能投靠你的竞争者的，这将损害到公司的有效产出与获利。如果这种情形发生的话，相较于其他方面，你的市场可能不再是独占，你不再有能力支配市场。即便微软与英特尔公司分别有着 85% 的软件与微处理器的市场占有率，它们仍然担忧自己的产品是否满足市场需求。这同时也暗示着它们有能力赚更多的钱（或是保持现在的获利能力或市场占有率），不过这完全受限于市场需求，而不是内部资源，除非它们处于市场主导地位。然而，当市场与系统限制都有潜在的需求或产能，公司内部的产能限制是阻碍它向现有市场潜在需求扩展的因素，例如，阻碍马上赚更多的钱。假如我们接受公司的发展总是受限于市场（妨碍公司去赚更多钱），而市场是我们公司获利的一部分，则接单必须要考虑到公司内部 CCR 资源的产能负荷情况。有时候需求只是暂时超出内部 CCR 的产能限制，其他时间里，它只是相较于其他非 CCR 资源有更少的过剩产能，但它并不是真正关键的 CCR。在这个例子中，如果需求增加到超出我们的供给时，它将会是第一个出现的 CCR。例如在图 6－4 中，假设我们有 6 种资源 A、B、C、D、E 与 F，产能利用率分别是 43%、70%、58%、26%、35% 与 42%。即使市场是目前的系统限制，内部资源的负荷为了因应需求暂时超出产能限制，使得 CCR 产能利用率高于其他资源，所以资源 B（70%）就是 CCR 的首当选择。换句话说，资源 B 将会最快达到满载。虽然图 6－4 中当季节性需求高峰时 CCR 是满载的，假如公司不能满足市场需求，且这个需求情况是暂时的，之后将会突然骤降，你担心跟不上需求吗？别担心，就让你的顾客失望吧！不久，顾客就会投靠你的竞争对手，而且需求会骤降到低于公司产能的水平，也许会更低。你的暂时 CCR 产能超载问题就会自动解决，不久，你将会获利。

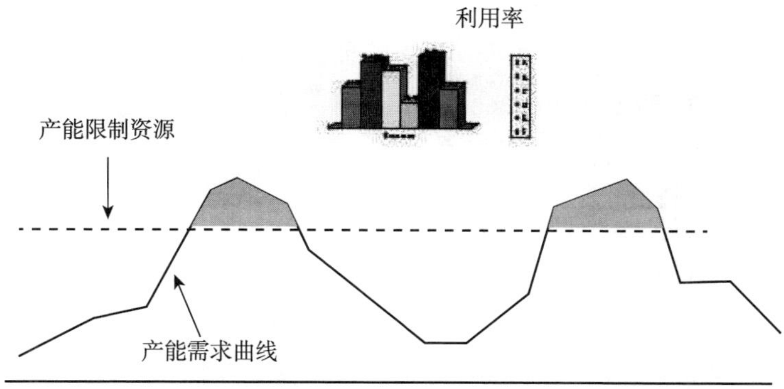

图6－4　潜在的 CCR

6.2.2.2　处处有保护产能

另一个 SDBR 重要的原则是 CCR 总是需要一些保护产能。换句话说，SDBR 假设即使在最重要的资源负荷中，也没有达到最大产能的满载阶段。我们来看看为什么！所有的非 CCR 资源需要考虑保有多余的产能，这在传统 DBR 中也能找到原因。因为只有当非 CCR 资源保有多余产能时才能提供弹性，以因应市场需求改变和保护 CCR 的需求。但是为什么 SDBR 需要在 CCR 上也维持一些多余的产能呢？看看图6－5的现况树，得出的结论是：内部资源不应该被满载，公司需要保护产能以因应市场需求的改变。有趣的是为了防止顾客转向其他的竞争对手，大多数公司将 CCR 的产能资源负荷达到最大，而且尽可能地使它忙碌。这将导致 CCR 没有保护产能来应付市场需求的改变，这个结果会导致市场与 CCR 的效率都不会提升。

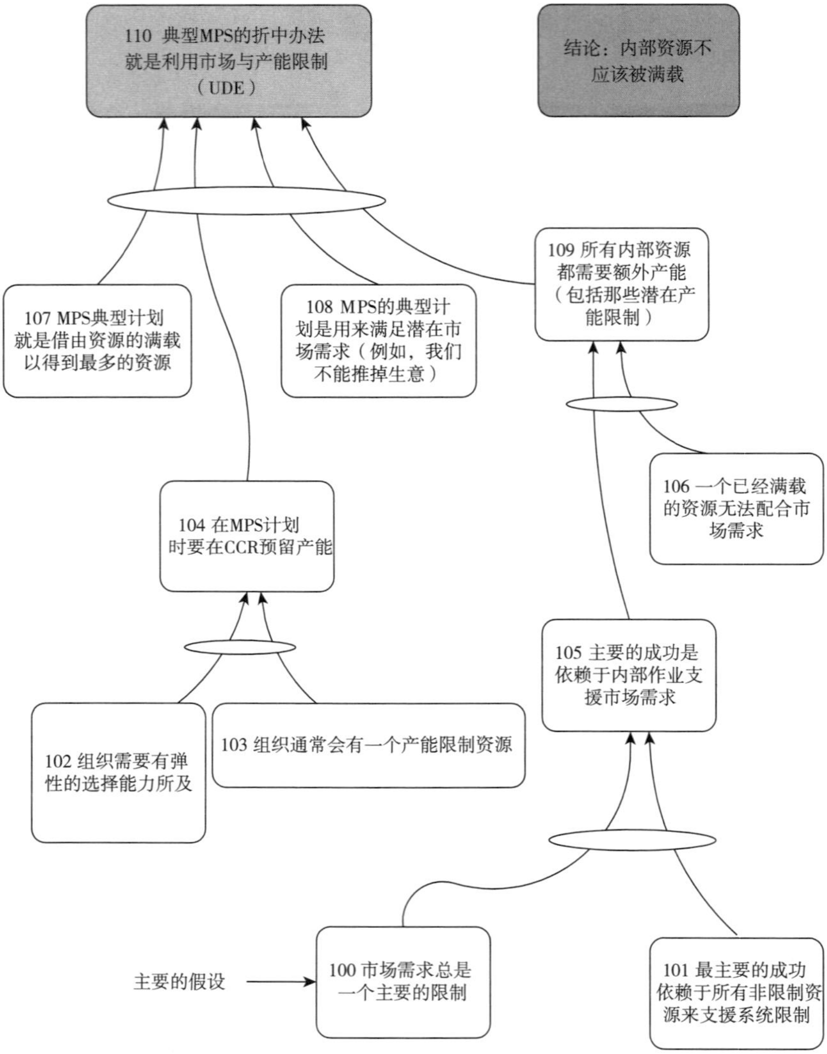

图 6－5　现况树：潜在的产能

6.2.2.3　需求导向的主生产排程（MPS）

主生产排程取决于公司对于市场的实际承诺，并且应考虑到产能限制。换言之，公司接单应在本身的产能内，然后排定 MPS 去完成订单。这很类似于传统 DBR，但是 SDBR 的 MPS 是由“节奏”组成，而非 CCR 排程。换言之，整个系统的“节奏”是经由 MPS 并受客户实际订单的影响。在 MPS 上，潜在或实际的限制因素，将会把产能限制在 CCR 这个资源上。

6.2.2.4 工单包含完整的产品运送

一个 SDBR 工单的最高原则应该是将产品准时送至客户手上或是准时拉进库存。特别是在工单是生产共享零件时，SDBR 提供弹性让作业员可以重新设定优序让紧急工单准时完成。而传统 MRP 的排程方法则无法提供此种弹性的优势。依旧分析前述图 6－1 这个案例，100 单位产品 A 交期是 3 月 1 日，80 单位产品 B 交期是 3 月 5 日，二者都需要共享零件 C。在 SDBR 中会采用发出两笔工单。首先，100 单位 C 给产品 A，80 单位 C 给产品 B。作业员不会因不了解情况而将一个工单的共享零件 C 移转到另一个工单上去。在 MRP 的世界里，共享零件 C 的两个需求会被合并成一个 180 单位的工单。生产一个 180 单位的固定批量，就不会有挪料情况的发生，同时其中一笔订单迟交的机率会比原来高。在 SDBR，对于两笔不同工单，作业员看到的是在机台 37#、机台 38# 上相同零件的两个不同生产需求。根据实际的负载情况与优序，操作员会视情况考虑是否将两个工单合并以节省机器整备时间，或者先完成一个较紧急的工单。总之，SDBR 提供了弹性，让作业员可以重新设定优序以完成紧急工单。MRP 系统则无法提供此种弹性的优势。在 MTS 环境下，不管预测是否有相当大的误差，或者可能存在累积不少存货的风险，在 MPS 的清单上，都是为了补货而进行的生产。反之，SDBR 是基于最大的产能利用率并借由内部 CCR 来更新与区分 MPS 的清单。

6.2.2.5 利用 CCR 平衡市场需求

如前所述，MPS 是一个无限产能的排程，不考虑产能上限。CCR 的产能限制是用来将 MPS 转换成一个实际可行的排程，同时考虑到产能上限。因此，管理层有必要彻底了解、重视并考虑到使用无限产能的排程可能无法达成平衡市场需求。SDBR 借由内部 CCR 的产能弹性调整来平衡市场需求。在传统 DBR，实际的 CCR 排程就可达成平衡市场需求，且证明有足够时间可以完工与出货。SDBR 利用 CCR 来监控工厂整体的负荷情况，并确认它有足够的保护产能可以完成交期[①]。这一观念源自传统 DBR 所没有的新的概念“已规划负荷”（PL），PL 可以用来帮助我们确认新订单是

---

① 传统 DBR 适用于供不应求情况下，因此执行 CCR 排程能准时拉进库存来平衡市场需求；而 SDBR 适用于供过于求情况下，必须透过 CCR 的保护产能将产品准时送至客户手上来平衡市场需求。

否能有效、准时地完成交期并送达于客户手中。

6.2.2.6　只有一个缓冲

SDBR只有唯一一个出货缓冲。在订单式生产（MTO）环境下，客户要求的从订货到交货的时间（Quoted Lead Time，QLT）应等于或大于出货缓冲，这使QLT有一个较低的限制。每当缩短QLT，都会有利于市场竞争，QLT帮助我们获得更多的市场占有率。假设市场需求可以利用SDBR的PL方法计算后立即转换成工单数量，则公司很容易根据交货日期来估计目前的出货缓冲是否有足够的保护能力。出货缓冲的定义是，估计的从投料到产品完成出货的时间，包括设定、生产、搬运、等候及一些变异。不同的产品因为有不同的生产前置时间，所以SDBR需要对不同的产品指定不同的缓冲大小。在SDBR，当MPS工单产生时，绳计算每笔订单交期减去出货缓冲时间而得到每笔工单最迟需要投料的时间。SDBR是在努力地对一份工单进行整合，而不是让工单分散在BOM不同层级上。

6.2.2.7　SDBR的图形描绘

我们用图6-6来对SDBR进行一个完整描绘。在SDBR中，缓冲的概念简化为只有出货缓冲，它包含了工单的整个生产时间，再加上对于不确定性与变异性的需求。我们注意到，SDBR没有黄区（区域二），只有绿区（区域三）与红区（区域一）。同时，对这两个区没有一个很精准的描绘。实际上如果我们衡量时间长短的话，绿区应该长于红区。出货缓冲区的投料时间应该在交期之前。一个完整的 MPS 应该能动态地监控 CCR 的已规划负荷并且确保它不会达到 100% 的负载。事实上，在某个地方的负荷有 90% ~95% 的机率会达到与 CCR 一样的负荷。更需要强调的是，非 CCR 的负荷量应该根据实际平均的设定时间与加工时间进行准确的估计，而不是简单地根据工厂内的标准工时。

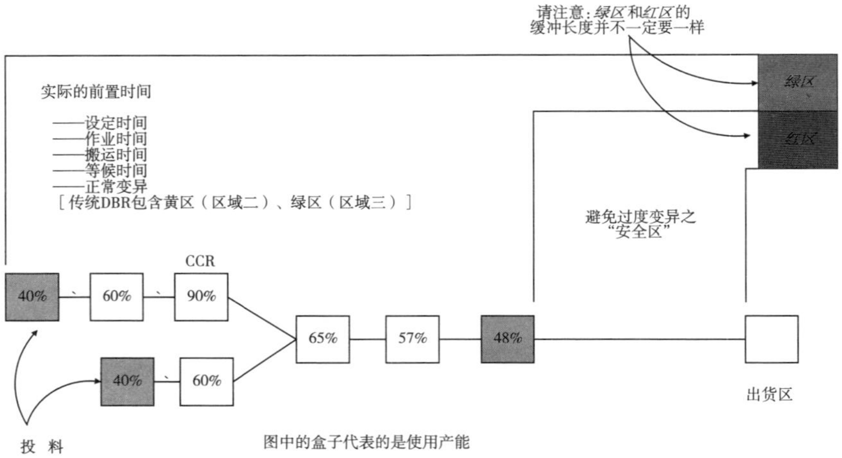

图 6－6　SDBR 图形描述

6.2.3　SDBR 的实际执行

现在来说明如何在实际应用中由传统 DBR 转到 SDBR 上。除了将三个缓冲减少到一个之外，传统 DBR 与 SDBR 最明显的差别是内部的 CCR 排程已经不在

SDBR考虑之内。换句话说，对WIP的后续决策实际上决定于现场的生产活动。另一个明显的不同是SDBR的投料时间是从产品出货的时间倒推得到的，因为既然SDBR不注重事先对内部CCR排程的规划，就应该在前面的PL阶段做好规划。

6.2.3.1　一般的计划与准备

（1）应该跟随市场需求来执行政策

- 消除追求局部效益

有效地利用市场限制，消除追求局部效益非常之关键。消除局部效益有三个步骤。第一，管理者首先必须接受这个想法，因为如果只衡量局部效益，将会激励员工的局部行为但却不利于组织整体目标的实现。第二，必须将这个想法正确地传达于生产部门与信息部门。第三，管理者与员工都必须接受新观念的再教育，以第5章介绍的有效产出的T、I、OE整体指标观念来作决策。

- 小批量生产

传统上，员工总是喜欢大批量生产，因为可以节省机台在生产不同批量产品时重新设定的时间。但是大批量生产的缺点是容易在生产流程中形成瓶颈站，即临时性的CCR工作站。反之，我们应让员工接受增加非CCR机台的设定次数，将大批量生产调整成小批量生产，避免在生产流程中形成临时性的CCR工作站。

- 移转批量[①]应该小于生产批量

管理者应该让员工接受移转批量不应该等于生产批量的观念，移转批量最大可以等于生产批量。

- 给交期最早的工单最高的加工优序

传统DBR对工单的加工优序是依据事先对内部的CCR排程来规划的，SDBR对工单的加工优序是给交期最早的工单最高的加工优序。

（2）建立销售部门与生产部门的紧密配合

销售与生产的紧密配合对成功导入SDBR是必要的，弹性利用这两个交互的限制——外部市场限制与内部CCR限制，具有下列优点：

- 生产与销售应有一致的最佳产品组合目标

在工厂生产的最佳产品组合中，至少其中有一项产品有最大的有效产出，销售员应尽力去推销这项产品。

- 订单总量不应超出PL

销售员应随时了解公司目前的PL产能负荷情况及尚有多少过剩PL产能，这将成为我们在市场上的一项关键竞争优势。销售部门应与生产部门紧密配合，以掌握如何以目前的PL产能负荷情况正确地对顾客承诺订单，同时不会接下超出剩余PL产能的订单。这将显

① 移转批量是前一个工作站转移给下一个工作站的数量。

著有利于达成准时交货的承诺。

- 当 CCR 变成浮动的时，销售代表应该调整 QLT，以确保交期的准确性

假如顾客有紧急需求，销售员应该知道何时不该承诺顾客的紧急需求，同时也应该知道如何插入较长的 QLT 以接下这个紧急订单，满足顾客的紧急需求。此外，知道何时 CCR 的 PL 会接近满载或是超载，有利于销售员正确选择订单以高效利用 CCR 的宝贵时间，同时还要实施保留额外产能的策略以应付价值较高的订单。

(3) 确认 CCR

如果生产线已经满载，我们将会寻找浮动的 CCR。反之，生产线并未满载，但需求在持续增加，我们将确定何种内部资源最先到达满载，它就是内部 CCR。有两种因素会影响到 CCR 的产生，我们在确定 CCR 时应予以考虑：①非 CCR 工作站的保护产能管理：当管理者考虑使用非 CCR 的保护产能时，不能使非 CCR 工作站形成临时性的 CCR 工作站。②市场营销：营销会影响到工厂所生产的产品组合，从而改变 CCR。每当营销的关系而促使保护产能或市场需求的任何一方有显著改变时，会有很高的机率使非 CCR 工作站形成临时性的 CCR 工作站，而造成内部 CCR 的移位。

（4）决定出货缓冲的长度

这是一个关键的决策，不同的产品途程需要不同的出货缓冲长度。在系统中，出货缓冲区长度与过剩产能息息相关，例如，较少的过剩产能需要较大的出货缓冲区。既然过剩产能是随时间的不同而变化的，那么我们就应该时常去检视出货缓冲区是否需要改变。但是这并不代表我们就应时常改变出货缓冲的长度。只有在过剩产能发生明显的改变时，才会触发改变缓冲长度的需要。所以该如何决定出货缓冲的长度呢？大部分生产管理者会合理地根据目前的生产前置时间来决定出货缓冲的时间长度。以现行生产前置时间的75%作为一开始的出货缓冲区长度，是一个较合理且保守的估计。当SDBR逐渐应用成熟时，这一估计方法成功的机率相当高。只要工单不会渗透到现在出货缓冲的红区，则出货缓冲的长度可以不断缩短。例如，飞机降落就应用了相似概念。飞行员不会从30 000英尺高度垂直急剧下降，当然迫降除外，飞行员会缓慢地减低高度并最终到达地面。我们正是利用这个概念来规划出货缓冲区的长度，因为我们不想要迟交订单。

（5）决定红区

红区的概念类似于传统DBR中的区域一，这也是一个不应该经常改变的参数。与传统DBR区域一不同的是，SDBR红区的缓冲没有固定的比例，所以出货缓冲时间长度改变，并不代表着红区也必须跟着改变。但如果出货缓冲时间长度改变幅度≥50%时，我们就应该考虑修正红区大小。

一旦完成以上这五个步骤，就代表着一般计划与准备阶段工作完成。现在我们开始为执行 SDBR 作准备工作。

6.2.4 短期的计划与执行

SDBR 的实际应用有两种可能的开始：第一，现有产能大于顾客需求，由市场限制主导现有产能利用率。第二，顾客需求短暂地超过现有产能，由内部的 CCR 主导。当你开始执行 SDBR 时，这两种不同的情形将会影响后续的行动顺序。图 6－7 描绘了 SDBR 的执行程序。

多数公司最有可能的开始情形，就是第一种情况，现有产能大于顾客需求。以经验来说，当需求只是偶尔超出产能时，建议暂缓执行 SDBR，直到需求减缓至小于产能之前，我们还是应选择传统 DBR 进行管理。假如不像我们所说的，市场需求将持续超出产能，我们就应该让产能达到满载以应付需求高峰。一个公司如果并未准备使用 SDBR 来管理生产程序，无疑是没有察觉到公司有隐藏的产能。经由执行支持市场需求的 SDBR 生产政策，可以帮助我们释放出隐藏的产能。假如公司已经有一些额外产能，SDBR 生产政策将会发挥

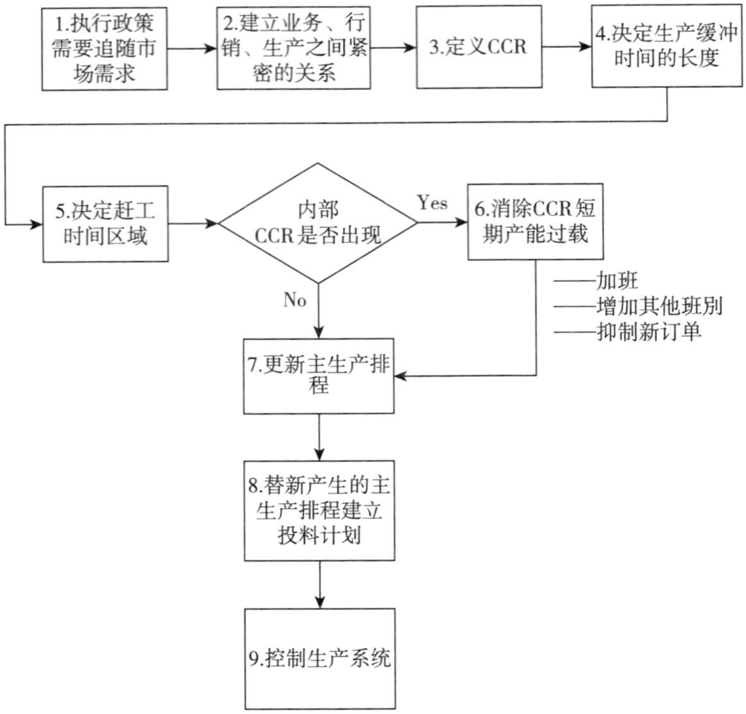

图 6－7　SDBR 的执行程序

更强大的作用。假如公司的产能超载，SDBR 生产政策将透过释出隐藏产能帮助我们改善产能超载状态，甚至还会发现一些额外产能。当应用 SDBR 的生产政策时，我们应该建立起销售与生产之间的紧密关系，并决定出货缓冲长度与红区。

（1）消除短期的产能超载状态

当 CCR 超载且有可能持续一段时间或更重要的是当生产系统不稳定时，公司已无法等到超载情形自然消退，这时就应该执行这个步骤——消除短期的产能超载状态。例如我们可以采用加班或额外产能的平移等方式以减少补货次数与 CCR 的负荷，或者在产能上另外增加一些缓冲的空间。一个极端的例子，就是让销售员暂时停止接受新订单。假如 CCR 不是满载或者公司已等到超载消退，我们就进入第二步。

（2）更新 MPS

每天更新 MPS——清除已完成的工单，并加入新的工单。假如有任何工单已经在 MPS 上取消，将它从 MPS 上删除，可能的话重新指定原物料或 WIP 到其他工单。在 SDBR 里，新的工单将不会影响旧的，旧的工单其投料日期与交货日期将会维持不变。假如需要的话，根据交期重新安排 MPS 的顺序。

（3）为一个新的物料在 MPS 上新增一个投料排程

对每个工单计算详细的物料需求。检查现场未指派的物料，如果存在，就指派到新的工单。其他已指派的物料的投料日期等于交期减去出货缓冲时间。当 QLT 和出货缓冲时间相同，就必须马上投料。换言之，在竞争激烈的环境，QLT 是会被充分利用的。

（4）控制生产系统

所有生产作业必须在持续监控或实时干预下操作，以维持生产过程的稳定，并确保交期的可靠度。

6.2.5　SDBR 的控制程序

SDBR 控制程序是为下列三种危险情况所设计：

- 当准时交期可能有危险时。
- 当 CCR 的负荷接近 MPS 的稳定极限或危及系统稳定度时，换句话说，当 CCR 接近 100% 时，就必须调整 MPS，透过 CCR 的保护产能将产品准时送至客户手上，避免交期延误。
- 当非 CCR 的负荷过高时，可能会产生非 CCR 形成下一个 CCR 的危险。

让我们来仔细探讨控制步骤。出货缓冲的目的是平滑内部生产变动。但是我们也知道有时莫非定律[①]会使生产混乱，超出原先计划的缓冲能力。我们也知道外部的不确定性因素会对我们完整的出货排程引起一连串威胁。例如，当 MPS 充斥着一些短交期的订单时会使生产工作以一个接近满载的状态开始。这会冲击出货缓冲时间，甚至会超过我们预期的冲击次数，直到渗透至红区而使我们对需求的反应变慢。此外，PL 是一个事先规划的缓冲机制，以便于负荷接近满载时可以提早对机台提出警示。换言之，PL 控制程序及时避免在第一步时就已满载的情况，就像地质学家的地震仪一样，可以事先对活火山提出预警。

6.2.6 SDBR 问题处境

有两个对 SDBR 的基本假设，不同于传统 DBR。

---

① 莫非（Murphy）定律是 TOC 专业术语，指如果事情有变坏的可能性，不论其可能性有多小，它总是在你没预期到的时候会发生。

①组织绩效总是受限于市场限制。另一种解释是市场总是支配需求。

②一个内部的CCR对于生产顺序的小改变通常是不敏感的。换言之，有些改变通常对系统整体的绩效不会有很大的影响。

上面提到的第一个假设暗示，即使有很大的潜在市场需求，你也必须善用自己的最大潜在产能来满足市场，否则，将会有顾客流失的风险。例如，一家商业航空公司，当机位一票难求的时候，顾客满意度就会开始下降，而且顾客将会开始考虑搭乘其他航空公司。来看另一个例子，假设我们公司一周有168小时可用产能（24小时×7天），将全部168小时分配到顾客订单上，如果第一天损失2小时，可能是因为物料质量不高而重新加工或机台死机，这导致后续所有的工作都会延迟2小时。正常来说，SDBR的出货缓冲可以容许这个情形发生，即使这可能会让原本所有预计订单的出货缓冲都延迟2小时。但是如果莫非因素[①]在星期三又拜访了你一次，并损失4个小时的CCR产能，这星期所剩的工作都会损失4小时，对流线型工厂而言无形中增加了巨大的潜在压力。SDBR利用一些多余保护产能来缓冲这些莫非因素，而不是像传统DBR使用

① 莫非定律所产生的非预期不良因素称为莫非因素。

CCR 缓冲前面累积的 WIP 来进行缓冲。这对未预期作业所造成的破坏提供了一份弹性。在第一个假设——组织绩效总是受限于市场限制的情况下，莫非因素不会对一个已接近独占市场的公司造成太大的影响。以英特尔公司为例，当新的微处理器延后上市或对市场反应很慢时，市场也会“原谅”它。英特尔也乐于提高内部 CCR 的产能以支持市场需求，因为竞争者不会影响其市场占有率。

再来考虑第二个假设，假如我们维持一些 CCR 的保护产能，在多数情况下，一些小改变对于工作不会有太大的影响。我们可以插入后到的订单，也不会破坏整个系统的流畅性。但这也不是绝对的，在另一些情况下，需要对 PL 的工作顺序小心规划，而且要维持 PL 的稳定性。

6.2.7　何时使用传统 DBR 与 SDBR

现在让我们来介绍 SDBR 应该在哪些环境下应用。SDBR 可以使用在多数传统 DBR 使用的地方，而且也可以使用在多数传统 DBR 不能使用的地方。但是在两个常见的制造环境特征下，使用 SDBR 更佳：①组织绩效总是受限于市场限制；②而且有时内部的 CCR 会有多余产能。

当生产环境具有以上两个特征时，企业适合应用 SDBR，因为此时传统 DBR 已无法在这样的环境下执行。当 CCR 漂移时，传统 DBR 告诉我们应随之改变利用和追随的目标。而当应用传统 DBR 找不到内部 CCR 时，一个更好的策略就是维持一个出货缓冲，这就是 SDBR 可以应用在任何地方的原因。SDBR 和传统 DBR 最显著的不同就是 SDBR 没有详细的 CCR 排程，即使当 CCR 是浮动的。SDBR 承诺交期时，常应用 PL 以确保所有的长期顾客订单可以被满足。因为我们必须在 CCR 维持一些保护产能，以确保及时交货，PL 的应用使我们不需要有详细的 CCR 排程。既然我们知道维持一些保护产能，也知道突发事件与不确定性因素随时会冲击生产现场的排程，所以不禁会问预先排定作业顺序的决策是否合理？

我们来看一个简单的例子。假设有两个订单，产品 A 与产品 B，并且在相同的日期交货。两个产品的生产时间都是 8 小时。假如我们对 CCR 的计划安排为：在星期四的早上 8 点到下午 4 点先利用 CCR 来生产产品 A，在星期五的早上 8 点到下午 4 点再利用 CCR 来生产产品 B。在这个情况下，产品 A 与产品 B 的 CCR 生产顺序已事先决定。假设现在是星期二的早上，产品 B 已经抵达 CCR 的等候线，同时订单 A 已确定会延迟抵达。传统 DBR 的缓冲管理，将会发现问题并且催促生产经理加快产品 A 的生产速度，以便产品 A 能照原计划在星期四早上动工。利用例如加班和加快生产速度等方式来达到我们的预定目标。但这样做值得吗？在SDBR下，CCR的顺序不会提早决定，因为CCR是没有排程的。所以如果订单B最先抵达且订单A延误了，不用像传统DBR一样以加速的方式解决问题。CCR的作业员被指示给予最早交期的工作订单最大优序。因为产品A的工作单尚未抵达CCR工作站，而产品B已经抵达，当产品A后到达CCR时，它自然就排在产品B后生产，可能在星期四或星期五。这样安排两笔订单还是很有可能在交期内出货。非固定的排程提供CCR操作员一个弹性，经由一些简单的现场派工法则来替换CCR预先排程，不用特别要求额外的加速就可以平滑流程。这个例子清楚地说明监控CCR的PL负载只是用来确保CCR产能是否足够生产，而不是用在确定操作顺序上。当订单穿透红区时，只有加速可以解决问题。并且无论工单在CCR前或后，当红区被穿透时，所有在红区的订单都将必须加速。在传统DBR，我们需要一个明确的CCR保护排程，也有许多例子证明了用CCR预先排程与保护可以有效避免莫非因素的冲击，使MTS式的生产被处理得更好。但是SDBR认为在MTO式的生产环境下，以一个武断的预先排程来决定工作顺序可能会浪费宝贵的CCR时间，而更重要的应是小心计划CCR的PL负载。

本章习题

一、简答题

1. 传统 DBR 会遇到一些困难，这些困难主要包括哪几点？

2. 与传统 DBR 相比较，SDBR 体现简单、有效率最重要的两点是什么？

3. SDBR 的六个操作策略是什么？

4. SDBR 建议如何跟随市场需求来执行政策？

5. SDBR 建议如何建立销售部门与生产部门的紧密配合？

6. 请画出 SDBR 的执行程序。

二、选择题

1. DBR 使用(　　)种缓冲形态。

A. 1　　B. 2

C. 3　　D. 4

2. 如果两种不同的订单同时渗透入一种缓冲区，其选择会很明确，即优先权将会落在缓冲渗透较(　　)的那笔订单上。

A. 深　　B. 浅

C. 一样　　　　D. 不一定

3. 组装缓冲的主要功能只是额外增加一些投料时间给非 CCR 加工的工件。严格来说，组装缓冲也属于(　　)的一部分。

A. CCR 缓冲　　　　B. 出货缓冲

C. 专案缓冲　　　　D. 汇流缓冲

4. 当一个机台比其他机台更需要共享零件时，我们称之为(　　)。

A. 物料　　　　B. 挪料

C. 投料　　　　D. 断料

5. 传统 DBR 与 SDBR 的主要差别在于有没有事先对(　　)资源做排程工作。

A. 外部 CCR　　　　B. 内部 CCR

C. 外部非 CCR　　　　D. 内部非 CCR

6. SDBR 新增一种新的控制指标(　　)来取代传统 DBR 事先对内部 CCR 的详细排程工作。

A. 作业费用（OE）

B. 存货—元—天（IDD）

C. 有效产出—元—天（TDD）

D. 已规划负荷（PL）

7. SDBR 最重要的假设就是组织绩效总是受限于(　　)。

A. 实体限制　　　　B. 市场限制

C. 政策限制　　　　D. 现金限制

8. SDBR第二个假设是，内部限制是暂时的，则内部的资源限制有时会有(　　)。

A. 弹性　　　　B. 多余产能

C. 存货　　　　D. 净利

9. 我们不是处于独占市场中时，SDBR就需要弹性利用(　　)两个交互的限制。

A. 外部市场限制与外部CCR限制

B. 外部市场限制与内部CCR限制

C. 内部市场限制与内部CCR限制

D. 内部市场限制与外部CCR限制

10. SDBR的一个重要原则是CCR总是需要一些(　　)产能。

A. 设计产能　　　　B. 保留产能

C. 作业产能　　　　D. 保护产能

三、改正题（请将画线部分的错误更正为正确的内容）

1. SDBR假设即使在最重要的资源负荷中，也没有达到最大产能的需求阶段。

2. SDBR需要保护产能以因应存货需求的改变。

3. SDBR借由非CCR的产能弹性调整来平衡市场需求。

4. SDBR利用CCR来监控工厂整体的负荷情况，并确认它有足够的产能可以完成交期。这观念源自新的概念“最大负荷”。

5. PL可以用来帮助确认存货是否能有效、准时地完成交期并送达于客户手中。

6. 客户要求的从订货到交货的时间（Quoted Lead Time，QLT）应等于出货缓冲。

7. 在SDBR，绳计算每笔订单交期减去CCR缓冲时间而得到每笔工单最迟需要投料的时间。

8. 一个完整的MPS应该能动态地监控CCR的已规划负荷并且确保它不会达到80%的负载。

9. SDBR明显的不同是投料时间是从产品出货的时间前推而得到的。

10. 既然SDBR不注重事先对内部CCR排程的规划，就应该在前面的接单阶段做好规划。

11. 我们应设法让员工接受增加非CCR机台设定次数以利于大批量生产，因为大批量生产很容易在流程中形成瓶颈站。

12. 移转批量应该等于生产批量。

13. SDBR对工单的加工优序是给投料最早的工单最高的加工优序。

14. 销售员知道如何以目前的工作负荷情况正确地对顾客承诺订单，同时不会接下超出剩余工作负荷的订单，这将显著有利于达成准时交货的承诺。

15. 当 CCR 变成浮动的时，销售代表应该调整 CCR，以确保交期的准确性。

16. 以现行生产前置时间的100%作为一开始的出货缓冲区长度，是一个较合理且保守的估计。

17. SDBR 实际应用的一种可能的开始是：现有产能大于顾客需求，由政策限制主导现有产能利用率。

18. SDBR 实际应用的另一种可能的开始是：顾客需求持续地超过现有产能，由内部的 CCR 主导。

19. 经由执行支持市场需求的 SDBR 生产政策，可以帮助我们释放出保护产能。

20. 在两个常见的制造环境特征下，使用 SDBR 更佳：其一，组织绩效总是受限于市场限制；其二，有时内部的 CCR 会有多余库存。

第7章　在订单式生产模式下使用SDBR

本章我们探讨 Schragenheim（2006）继 Manufacturing at Warp Speed 一书中提出传统 SDBR 观点下精辟的观点后，再进一步阐述如何在订单式生产模式（Make - to - Order，MTO）下应用 SDBR 方法以快速响应市场变化。DBR 是 20 世纪 80 年代假设以存货式生产模式下（Make - to - Stock，MTS）所设计之生产排程与管理系统，它是针对系统中 CCR 进行有限产能排程作业的一种技术及观念。其中 CCR 的从现在到未来的详细排程构成 Drum 的内容，而 Rope 是根据 CCR 的详细排程以倒推排程产生的投料机制，应用缓冲管理（BM）之预警管理机制，达成系统最大有效产出之结果。应用 DBR 已经被证明有以下优点：

①可以充分发挥 CCR 之产能；

②可以知道承诺客户之交期是否可以准时完成；

③可以透过 DBR 让整个生产系统之运作变得较为平顺，不会突然出现负荷过高之高峰现象。

DBR 的有限产能排程在理论上可以为 MTS 系统创

造出最大有效产出，虽然是强调针对系统CCR之充分利用，但是当面对的是MTO的复杂情况下还是可能造成执行困难之困境，同时出现无法完全配合市场需求之问题，常常造成作业面对于市场需求之反应出现缺乏弹性之不良现象。因此，如何让生产操作系统之运作可以配合市场需求进行有效的弹性调整，是一个值得研究之议题。本章将在SDBR系统下，分别讨论已规划负荷（Planned Load，PL）、保留产能（Reserved Capacity，RC）以及单一生产缓冲管理（Production Buffer，PB）等观念，以及如何有效避免DBR在MTO环境运作过程中产生的各种困境，并且在实务上做到简单导入、容易执行，在市场营销策略上做到交期可靠、快速反应，在销售业务中做到交期绩效有效提升之目标。

企业在面对不断改变之生产环境的同时也不断发展出各种新的生产管理系统，过去数十年间陆续发展出的生产管理系统。例如，MRPⅡ假设生产环境中的设定、制造、移转、等待、空闲时间、机台死机机率、维修时间及产品报废率等条件都是固定之前提下，以系统具有无限产能进行生产排程与规划，目标是得到最大化生产产出结果，然而面对这些生产变量具不确定性之实际生产环境，MRPⅡ缺乏系统化改善之观点，其结果就是排程与规划通常很难在实务运作中完整实现。随后DBR修正MRPⅡ无限产能假设并进一步提出有限产能假设之排程观念，认为系统之限制因素决定整个系统之有效产出，强调透过系统限制之确认、并且将之充分发挥、系统中其他资源完全配合限制资源之运作、最后打破系统限制以及持续改善之循环等五个聚焦步骤（5FS），提升系统生产绩效之表现。虽然DBR强调针对CCR充分利用，但是在实务运作中，强调CCR进行排程并且必须严格执行之政策下，常常出现一些无法完全配合市场需求的问题，例如：当客户临时插入紧急订单或是抽单，或是修改订单内容需求时，系统必须不断进行CCR重新排程作业，其结果不是造成现场作业之窒碍难行，就是面对市场需求无法弹性反应，两者都对系统生产绩效产生不良影响。此外，DBR生产系统也无法将公司本身之声誉，例如准时达交率考虑在内，也是美中不足之事。即时生产（Just in Time，JIT）则试图将最大化系统产出以及系统改善两个重要目标同时达成，JIT虽然提出系统改善之观念，但是却需要在零库存做法以及供货商充分配合的限制环境下方能做到。也就是说，做到JIT之改善结果，但是相对地可能也伤害了系统其他方面之需求，例如库存之目的在于当系统面对突发状况时，必须依赖库存作为缓冲，但是JIT却强调零库存环境，若缺乏上游众多零件供货商充分配合时，出现缺货或是时间延迟的机率将大幅升高。也就是说，同时做到零库存与订单交期绩效（Due Date Performance，DDP）是件两难的事情，但是零库存并不能成为公司赚钱之手段时，这时就必须慎重考虑建立库存之必要性。

MRPⅡ、JIT、DBR 在面对不同之生产模式下均有各自缺点与不足，其中 MRPⅡ忽略了系统改善观点；JIT 虽然修正了 MRPⅡ而提出系统改善之观念，但是却需要在零库存做法以及供货商充分配合的限制环境下方能做到；DBR 虽然试图修正 MRPⅡ与 JIT 两者之缺失，但是在面对 MTO 复杂生产环境的市场需求时，出现弹性运作上的困难。面对各种生产环境所发展出来之生产管理系统都出现一些不足之处，如何设计一个简单导入、容易执行，而且对市场可以快速反应以及做到保证良好 DDP 的生产系统，是一个重要的研究议题。

7.1　DBR 方法执行之困难

执行 DBR 生产系统可以在 CCR 排程基础上，透过 Rope 的作用使 CCR 不挨饿进而充分发挥利用 CCR 产能，也可以知道承诺客户之交期是否能准时达交，透过 DBR 特殊的平准化排程[①]技巧也可以让整个生产系统运作变得很平顺，不会突然出现负荷过高之高峰现象。然而 CCR 的有限产能排程永远都对吗？

7.1.1 DBR 执行之困难

（1）生产排程与市场需求之冲突

在 MTS 生产环境下，DBR 生产系统强调对 CCR 进行详细之排程，以系统其他非 CCR 资源充分配合 CCR 前提下，改善系统有效产出之绩效。但若是在 MTO 生产环境下，针对 CCR 进行“有限产能排程作业”的做法是对的吗？因为在 MTO 之生产环境下，其需要之系统特质是弹性。因为 MTO 之生产环境特质是进行生产排程时，进入生产排程之工令优先顺序是事先未知的，真正的工令优先顺序可能是依照当时库存变化与市场需求变化两个条件来决定，而市场需求只有真正发生时才会知道，所以这些影响工令优先顺序的条件有可能在一天之内发生很大的变化。此外，大部分 MTO 之生产系统，仍然有一部分 MTS 生产需求，目前的做法是，基于预测或是预期库存产品消耗之情形，对 MTS 的工令给予一个预计完工日期，将之视为另一个具有虚拟交期的 MTO 工令，然后与其他大部分实际的 MTO 工令一并进行生产排程作业。然而市场真正的需求通

① 平准化排程是用于生产线平衡的方法，要求生产线平稳地、均衡地进行生产，不仅要达到产量上的均衡，还要保证产能负荷的均衡。

常不会和这个虚拟交期时间吻合，也就是说，具有虚拟交期之 MTS 工令之生产结果，并不是市场真正需求之交期时间，通常不是太早就是太晚。但是这个已经赋予虚拟交期时间的工令，对于生产系统的排程作业、前置时间以及系统中在制品库存数量，的确已经发生显著之影响效果。

（2）多种缓冲之冲突

DBR 进行有限产能之排程作业，必须执行三种缓冲之管理作业：

①保护交期的出货缓冲（Shipping Buffer，SB）；

②保护 CCR 的 CCR 缓冲；

③保护需经过 CCR 的珍贵零件进行组装前，不被在其他非 CCR 的组装线加工的零件延误的组装缓冲（Assembly Buffer，AB）。

但是同时在 MTO 生产系统中加入三种保护缓冲时，可能会弱化了对系统整体之保护。因为每个缓冲都设计用来保护自己之区域，对整个系统来说，当制程前段的缓冲不需要使用时，它却不能转为保护制程后段的缓冲。例如，投料与 CCR 之间之作业均正常进行，则工令会在正常情况下抵达 CCR 等待加工，当工令通过 CCR 朝向出货端移动时，虽然有出货缓冲之保护，但是在某些情况下所有的出货缓冲都被完全消耗时，纵使系统中有未曾使用或是剩余之 CCR 缓冲与组装缓冲，此时都不能转为出货缓冲对系统无法准时完工的伤害提供任何挽救之功能。因此，三种缓冲之设计可能会比系统真正需要保护之时间还要多，而且可能因此造成三种缓冲彼此之间之冲突，因为作业员同时面对在不同缓冲区中都呈现赶工需求之两张工令时，执行之优先顺序可能会让作业员无所适从。此外，另一种造成作业人员困扰之问题是，当某个工作中心出现共享零件工令时，除了可能产生“挪料”问题外，常常也会因为未指定共享零件给特定工令而同样造成作业人员在 DBR 方法下无所适从之困境。

（3）复杂系统下之排程困难

有限产能之排程作业并不一定都是简单的，在某些情况下会变得相当复杂。例如，具有相依条件之设置作业（如不同颜料的喷漆作业）、某些制程具有技术性之限制时（如半导体业曝光机作业）、具有批量时间性之作业（如半导体业炉管作业）、CCR 作业汇入另一个 CCR 作业时（如 IC 制程之曝光作业），及 CCR 出现许多机台时（如 IC 封装测试），针对上述这些复杂情况的发生，现有 DBR 系统通常很难处理这些状况。

（4）排程稳定性

一方面，为了配合市场上不可避免的各种紧急插单、抽单、订单修改，改变主生产排程及 CCR 排程成为必要之因应措施；另一方面，为了让生产系统作业不会因为 CCR 排程计划之频繁改变而造成现场之混乱，要同时维持 CCR 排程稳定性与响应市场需求变化进行的 CCR 重新排程作业就出现了冲突。虽然 CCR 重新排程是为了满足市场以及客户需要，但同时不希望 CCR 重新排程则是因为局部小改变会造成整体显著之大改变，CCR 重新排程可能会导致新的问题出现。例如，原来承诺客户之交期会因为 CCR 重新排程之结果变得不可靠，CCR 重新排程也会造成投料计划跟着改变，有可能造成系统之混乱，甚至降低系统成员对于 CCR 重新排程计划之信心。CCR 重新排程也造成一些报告数据需要重新制作，新接订单必须考虑维持原有订单交期之保证，势必会设法缩短 CCR 的整备时间，此时其他非 CCR 排程也需要全部重排。若是客户临时抽单或是延后订单交期，此时 CCR 也可能需要进行重新排程，这些实务运作过程中的现实情况，都让 DBR 之排程作业受到严重之考验。

（5）CCR 改变时处理之困难

大部分生产系统相对于市场需求是有过剩产能的，当市场突然出现需求高峰时，可能会让系统内某些特定资源短暂地成为系统限制，当需求退潮或是恢复一般情况时，曾经是系统内部之限制资源又会呈现产能过剩之现象，因此如何吸引、创造市场需求来充分利用系统过剩产能才是企业真正之挑战。所以，当市场成为系统唯一之限制时，是否仍坚持只依照系统内部的 CCR 为运作之基础呢？加上有时候销售人员严格遵守产品之单位 CCR 时间下最大有效产出原则（T/CU），造成产品组合改变，导致系统内部 CCR 之变动以及漂移，当 CCR 改变时，整个系统原先运作之规则也将随之改变，系统所有成员充分配合之程序也随之改变，同时许多数据需要重新检视、维持，以便输入新的 DBR 排程软件系统，作为新 CCR 运作之基础，更麻烦的是所有相关之缓冲管理内容都将随之改变。这一点说明了当 CCR 改变时，会让系统之运作出现一个很大改变，很可能造成系统运作之混乱，这是 DBR 运作所必须面对之现实。

（6）DBR 运作困难之结论

综合上述各种 DBR 在实务运作中的困境，对于这些现行 DBR 运作方法造成不良效应的结论整理如下：

①无法有效配合市场需求进行及时之改变；

②太多缓冲设计让系统运作过于复杂；

③重新排程需求造成系统运作的不稳定；

④在复杂系统下之 CCR 排程有明显的困难；

⑤处理系统内部 CCR 漂移的困难。

7.1.2 DBR 问题之解决方向

如果市场就是系统最主要之限制，仅设置出货缓冲时间作为保护市场之机制，以产品交期减去出货缓冲时间作为投料作业时程，同时不预先对系统内部CCR进行细部之排程作业，也就是说没有CCR的事先生产顺序表。但由于CCR计划内容没有过于细部之作业规定，所以在执行CCR计划过程中，决策之质量就显得更为重要与关键。因此，执行生产现场控制的角色就变得十分关键，其必须在生产现场及时决定生产优先顺序。在此解决方向之下，所有之管理应该更聚焦在缓冲管理作业上面。一般来说，所有工令进入生产线通常都给予足够加工时间，利用Rope将需要在出货清单内之工令进行投料作业并交至第一个工作站现场。每一个工作中心包含CCR，依据工令缓冲被消耗之百分比例，决定该工令在工作中心之生产优先顺序。

7.1.3　对于MTO市场之观察与假设

（1）两个假设

①市场需求是系统唯一的限制。虽然有时候系统内部资源或物料问题有可能与市场需求交互成为系统之限制，但是对大部分之系统来说，造成内部资源成为系统瓶颈主要因为市场需求突然大量增加所造成之短暂现象而已，由于市场需求波动之因素，让系统内部资源之负荷都呈现满载之现象几乎不容易存在。所以，对大部分的企业来说，真正的挑战反而是如何吸引市场需求来满足内部资源之过剩产能，这是为何将市场需求当成系统唯一之限制的原因。

②如果内部资源之限制是暂时之现象，加上受到市场需求波动之影响暂时成为系统瓶颈之资源，就会常常交互出现产能不足或是产能过剩之现象，其结果就会影响订单准时达交之绩效表现，造成客户满意度与忠诚度之降低。

（2）两个基本假设之观察

当市场是系统最主要之限制，纵使系统内部出现CCR情形下，如果不能以市场需求作为限制，让整个系统之运作配合市场需求的话，势必无法充分满足市场需求，造成客户满意度与忠诚度下降，客户最后可能因此转向竞争对手，如此可能会让市场需求明显消失；另一方面，如果市场需求限制没有同步改善，纵使我们针对系统内部限制提升也是没有意义的。因此在面对这两种系统限制时，应该如何充分利用系统限制，其正确的做法应该是，首先必须不能让市场失望，同时也不能浪费太多系统珍贵之CCR资源。如何同时做到满足市场需求前提下，又能让系统内之稀有CCR资源充分利用，建议使用SDBR方法作为生产系统之管理方法，因为SDBR增加了PL以计算系统中未来一段时间内已经确认会在CCR形成负荷之工作量，同时提出保留产能的做法，以便执行快速回应市场需求之策略。在MTO生产环境下，不再使用传统DBR之多种时间缓冲，而改用单一实体库存作为保护系统之生产缓冲，让决策管理方法可以简单、有效地执行。

7.2　SDBR 方法执行之优点

SDBR 称为简化型 DBR，显而易见地是由修正与拓展 DBR 的基本假设而来的。Goldratt（1983，1984，1986，1988，1990）相继提出优化生产技术（Optimized Production Technology，OPT）[①] 与随后演化而成 DBR，Schragenheim 与 Dettmer（2001）提出 SDBR 雏型概念，由 OPT、DBR 到目前的 SDBR，已经增加了许多新的观念让 SDBR 变得更具可行性。其中主要增加的观念有：

①已规划负荷（Planned Load，PL）的观念，可以有效地动态管理市场需求与内部 CCR 的连动系统。

②保留产能（Reserved Capacity，RC）之概念，可以执行快速回应市场紧急需求之策略。

③在 MTO 生产环境下提出单一生产缓冲管理（Production Buffer，PB），简化传统 DBR 多种时间缓冲之观念，可以让生产作业更容易且更有效执行。与传统 DBR 的时间缓冲差异之处在于，PB 的定义是指从订

---

① 优化生产技术（Optimized Production Technology，OPT），此技术乃限制理论（Theory of Constraint，TOC）的前身，OPT 技术包含生产流程网络、非瓶颈工作站、服务与交期报告四个模块。

单投料日期到订单交货日期之间的时间长度，这相当于传统 DBR 在一般情况下的 CCR 缓冲时间加上出货缓冲时间长度的总和。

首先，SDBR 对 PL 的做法是计算系统未来一段时间内已经确认会在 CCR 形成负荷之工作量，即使在系统内部真正出现 CCR 时，仍旧可以有效地动态管理市场需求与内部 CCR 的连动系统。在 MTO 环境下，当市场销售人员面对客户提供交期报价时，PL 系统可以提供一套快速计算市场安全交期且保证 99% 做到的实时交期管理系统，同时亦可以有效地避免 CCR 重新排程带来之各种困扰。其次，保留产能的概念可以配合快速回应（Rapid Response，RR）市场紧急需求之策略操作，主要包含“紧急需求快速反应”、“可靠之短交期”、“保证准时交货”等提案，主要想法是当市场销售人员面对客户要求提供临时紧急订单交期报价时，保留产能系统在内部 CCR 的负荷管理预先保留一定比例的可调度产能给紧急订单使用，同时提供给市场销售人员另一套快速计算市场紧急订单安全交期且保证 99% 做到的紧急订单实时交期管理系统。最后，SDBR 采用唯一的 PB 缓冲管理取代传统 DBR 多种时间缓冲之概念，PB 之概念主要用来决定市场订单的可靠交期与相对应的投料日期，可让现场管理者的日常生产系统管理简化（简化型 DBR 的另一层含义），而且面对不断变化的市场需求，可以有效作出及时反应。

7.2.1　SDBR 在 MTO 环境下之基本运作方式

SDBR 运作概念与逻辑基本上和 DBR 相似，仍旧秉持系统 CCR 决定系统有效产出之基本观念，其假设市场需求是系统唯一之限制，系统内部 CCR 可能短暂在需求高峰时期与市场互为系统限制，但是 CCR 仍须全力配合市场之需求。

PL 的具体运作方式是以订单代表市场需求作为系统运作之 Drum，Drum 在 SDBR 的形式则拓展为内部 CCR 的未来累积负荷工作量，此未来累积负荷工作量通常可以转换成时间单位并表示为一个固定的日期，每个不同的固定日期就成为内部 CCR 的具体内容。针对内部 CCR 上的每个不同的固定日期倒推半个 PB 大小的时间作为计划投料日期，这就成为 Rope 的具体内容；同时，以内部 CCR 上的每个不同的固定日期正推半个 PB 大小的时间作为计划安全交期，这就成为市场 Drum 的具体内容。举例来说，假设工厂之产能状况是以一班之形式，每天工作 8 小时，每周工作 5 天，假设目前生产系统之 CCR 为机台 B，其派工法则是采取最早交期优先（Early Due Date，EDD）之方式，在此条件下将 SDBR 在 MTO 环境下运作之基本程序、步骤及内容，分成计划和控制行动两个主要阶段加以说明：

7.2.1.1 计划阶段

（1）将客户之订单当成指挥系统运作步调的“鼓”

在MTO之生产环境下必须接到客户订单才会进入CCR排程系统，然而销售人员在市场接单时必须面对的问题是，如何回应客户对于订单交期的要求，以及相对于市场中同业的交期报价，企业本身应该提供何种交期报价才具有竞争力，同时还是生产现场可执行的安全交期，这些都必须透过CCR的PL系统分析加以决定。CCR的PL系统定义是指在一段工厂指定的固定期间内，销售人员已经确认之市场订单的CCR未来累积工作负荷量，所以PL的单位是小时。例如表7-1中，假设目前已确认订单中预估在CCR未来的累计待加工工时是200小时，其中有80小时之工令已经停留在机台B之前等待加工，如图7-1所示。

图7-1 CCR的PL系统

（2）生产缓冲（PB）及红区之设定

这是一个关键性之决定，由于不同产品之生产途程数据不同，所以自然会有不同之PB时间。通常PB

之设定会与系统非 CCR 的保护产能相关，当系统保护产能较少时，PB 就应该设定得长一些以提供交期更充足的保护，相对的若是系统具有较多之非 CCR 保护产能，则 PB 可以设定短一些。但是由于系统之保护产能状况是随时间动态改变，所以系统设定之各项产品的 PB 缓冲也应该随时检视修正。Schragenheim & Dettmer (2001) 在 *Manufacturing at Warp Speed* 一书中所提，一般保守之 PB 设计可以利用当前制造前置时间之 75% 作为一个起始设置点。接下来我们以表 7－1 为例说明 PB 如何计算。假设产品 P1 从投料到制作完成之制造前置时间（MLT）为 128 小时（128 小时/8 小时 = 16 天，16 天/每周 5 日 = 3.2 周，周末约 6 天，16 天 + 6 天 = 22 天），P2 产品为 224 小时（224 小时/8 小时 = 28 天，同前方式计算为 38 天）、P3 产品为 320 小时（320 小时/8 小时 = 40 天，同前方式计算为 56 天）。如果以产品制造前置时间的 75% 作为 PB 缓冲时间之设定，则 P1、P2、P3 之起始设置缓冲时间分别订为 17 天（22 天 × 75%）、29 天（38 天 × 75%）、42 天（56 天 ×75%）。

SDBR 强调简化 DBR，因此只设计了一个红区作为 BM 管理之界线。红区将缓冲区再细分为两区，一区为安全区，另一区则为警示赶工区。至于界线之设置与传统 DBR 缓冲设置三区之观念相似，并没有特别规则可循，建议随现场弹性取 PB 缓冲之后段 1/3 或后段 1/2作为界线，随后再依据实际缓冲管理之结果进行弹性修正。例如表 7－1 假设红区的缓冲管理机制之设定是取大于 50% 的 PB 作为界线，则 P1 属于警示之绿区（41% ≤50%），P2、P3 均属于赶工之红区（66% 与 76% 均≥50%）。

红区设置之目的有三个：第一个目的是保护交期，在确认可能影响交期之因素后，在 PB 缓冲未被耗尽之前可以有充分之时间进行赶工；第二个目的是提供系统可能出现不稳定状况之警告讯号。当系统出现新的 CCR、CCR 漂移，同时出现许多红区的工单或是订单交期已进入红区警示赶工区时可能无法准时完成，这些都是系统保护机制将失灵之讯号；第三个目的是利用红区之警示找出系统的麻烦制造者，根据出现红区工令之时间与所在位置，透过统计分析手法协助找出造成工令延迟之主要原因。

（3）决定 CCR 工作站之缓冲状态（BS）

所有非 CCR 工作站的派工均使用最早交期优先（EDD）之派工法则，针对 CCR 工作站的派工法则是依据每笔工单的缓冲状态（Buffer Status，BS）来决定工单加工之优先顺序。在市场是系统唯一限制之前提下，系统内部的 CCR 是机台 B，表示其他非 CCR 工作站均有多余之保护产能，只要以“消防队的工作精神”为工作准则即可，即平时保持待命之状态，有工作时立即全力以赴。BS 缓冲状态的定义是指已经被消耗掉的时间占原有 PB 缓冲时间之比例，而 BS 缓冲状态提供给我们可以准时交货的可能性信息。[①] 我们继续借由表 7-1 的例子说明 BS 的计算方式。假设已知条件是今天是 3 月 5 日，三个产品之交期均为 3 月 15 日且均在 CCR 前等待加工，P1 的 PB 缓冲时间是 17 天，距离交期还有 10 天所以 PB 缓冲的消耗为 7 天，则 P1 之缓冲状态为（17 - 10）/17 × 100% = 41%，同理 P2 之缓冲状态为（29 - 10）/29 × 100% = 66%，P3 之缓冲状态为（42 - 10）/42 × 100% = 76%。虽然距离交期均剩余 10 天，但是根据缓冲被消耗之程度计算其缓冲状态 BS，计算结果比值越高者代表该项工令紧急程度越高。假设红区的缓冲管理机制之设定是取大于等于 50% 的 PB，则 P1 属于警示之绿区（41%），P2、P3 均属于赶工之红区（66% 与 76%），所以 CCR 之加工优先顺序分别是 P3、P2、P1。而且缓冲状态 BS 之计算应该每天执行，因为现场 CCR 随时可能有不同紧急状况的 BS，应随时依据最新之 BS 结果进行现场 CCR 之加工优先顺序之调整。

① 最新的 BS 缓冲状态应用介绍，请参阅 Lee *et al.*（2010）和 Chang & Huang（2011a, 2011b, 2014）的文章。

表 7－1　　产品工单缓冲状态计算

3月5日产品工单之缓冲状态 BS			
	P1	P2	P3
1. 已规划负荷量(PL)	200 小时	200 小时	200 小时
2. 制造前置时间(MLT)	128 小时 = 22 天 = 3 周又 1 天	224 小时 = 38 天 = 5 周又 3 天	320 小时 = 56 天 = 8 周
3. 生产缓冲时间(PB = 75% × MLT)	96 小时 = 17 天(PB_{P1}) = 2 周又 2 天	168 小时 = 29 天(PB_{P2}) = 4 周又 1 天	240 小时 = 42 天(PB_{P3}) = 6 周
4. 客户交期(DD)	3 月 15 日	3 月 15 日	3 月 15 日
5. 剩余交期日(ST = DD - TD)	10 天	10 天	10 天
6. 缓冲消耗	17 - 10 = 7(天)	29 - 10 = 19(天)	42 - 10 = 32(天)
7. 缓冲状态(BS)	7/17 = 41%	19/29 = 66%	32/42 = 76%
8. 红区(≥50%)	绿区(41%)	红区(66%)	红区(76%)
9. 新订单安全交期(SDD)	(P1')248 小时 = 43 天 = 6 周又 1 天	(P2')284 小时 = 50 天 = 7 周又 1 天	(P3')320 小时 = 56 天 = 8 周
10. 市场标准前置时间(MSLT)	400 小时 = 70 天 = 10 周	464 小时 = 80 天 = 11 周又 3 天	576 小时 = 100 天 = 14 周又 2 天
11. 弹性缓冲时间(FB = MSLT - SDD)	400 小时 - 248 小时 = 152 小时 = 27 天 = 3 周又 6 天	464 小时 - 284 小时 = 180 小时 = 30 天 = 4 周又 2 天	576 小时 - 320 小时 = 256 小时 = 44 天 = 7 周又 2 天

(4) 新接订单之决策

如图 7－1 所示，红色区域代表 CCR 在未来一段时间内之已规划负荷量（PL）200 小时，绿色区域代表目前已经停留在 CCR 之前的工令负荷量 80 小时。未来还有 120 小时的工作会到达 CCR 前等待加工，而现在有 80 小时的工作是已经到达 CCR 的工作量。在此情况之下，如果依序有三张新的订单 P1'、P2'、P3' 分别需要提供报价及交期，利用内部 CCR 上的目前已确认负荷量正推半个 PB 大小的时间作为计划安全交期，我们若选择新订单 P1' 则可以很轻松地预估安全交期大概是 248 小时。例如图 7－2，PL = CCR 目前已确认负荷量 + 1/2 × PB_{P1} = 200 小时 + 1/2 × 96 小时 = 248 小时；若选择新订单 P2'，则预估的安全交期大概是 PL = CCR 目前已确认负荷量 + 1/2 × PB_{P2} = 200 小时 + 1/2 × 168 小时 = 284 小时；若选择新订单 P3'，则预估的安全交期大概是 PL = CCR 目前已确认负荷量 + 1/2 × PB_{P3} = 200 小时 + 1/2 × 240 小时 = 320 小时。

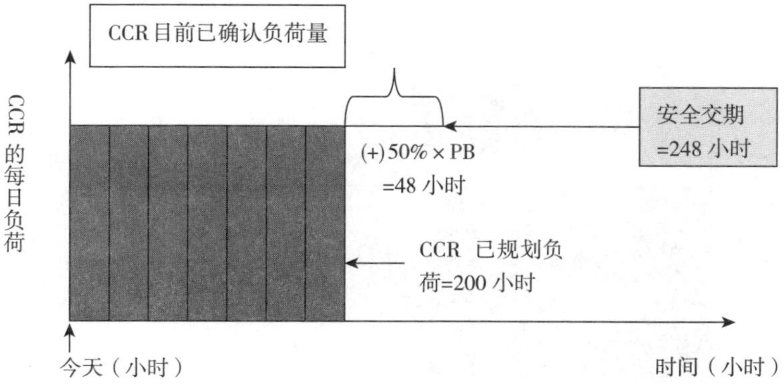

图 7－2　PL 系统的 P1' 新接订单之决策

（5）投料机制

我们可以从图 7－3 很清楚地看到，经由 PL 加上个别产品 PB 的 1/2，可以得到 PL 系统认为可以做到的安全交期，依照 SDBR 缓冲管理之精神得知出货时间减去 PB 缓冲时间就是投料之时间点，因此以安全交期倒推一个 PB 缓冲时间就是市场订单的投料时间；或是利用内部 CCR 上的目前已确认负荷量 PL 倒推半个 PB 大小的时间作为计划投料日期。依然看表 7－1 的例子，目前之 PL 是 200 小时，而产品 P1 的 PB（PB_{P1}）是 96 小时，PB_{P1} 的一半是 48 小时，新接订单 P1’之安全交期是 248 小时，投料时间则是以目前之 PL 负荷 200 小时减去 PB 缓冲的一半 48 小时等于 152 小时，相当于 25 天，若是今天决定新接此订单 P1’，我们从现在起 25 天后开始将原料发下给生产线（投料），如图 7－3 所示。

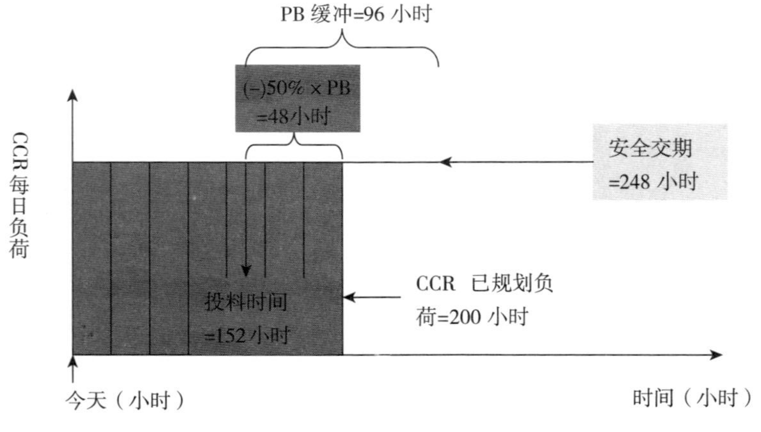

图 7－3　PL 系统的 P1’新订单之投料决策

(6) 决定报价交期

SDBR 以安全交期为基准倒推一个之 PB 缓冲时间

作为投料时间，目的是不让 CCR 出现饥饿之可能（因为 OPT 原则是浪费 CCR 的时间等于浪费整体的有效产出），但是这并不代表安全交期就是给客户的报价交期，还必须以市场竞争者的标准交期作为比较基础。以产品 P1’为例，目前市场竞争者的标准交期是 70 天，在没有特殊交易条件情况下，我们仍然承诺 70 天为新接 P1’订单之交期，在此情况之下工厂可以有 99% 的把握达成准时交货之承诺。至于新接 P1’订单的下料时间是 152 小时，相当于 25 天，当销售人员今天决定新接此订单 P1’，从今天起的第 25 天、约 3 周又 4 天后开始投料。而根据市场竞争者的标准交期是 70 天，大于内部 CCR 给定的安全交期日 43 天，在没有特殊交易条件情况下，我们给这张新接订单之交期是 70 天。因此，这张订单之弹性缓冲有 27 天（市场竞争者的标准交期 70 天 - 新订单安全交期 43 天），这代表系统中 CCR 还有 27 天的多余产能可以提供更快速反应，提供更短的交期服务。以产品 P1’为例，产品可以在安全交期 248 小时内完成，但是答应给客户之最终交期是市场竞争者的标准交期 400 小时，因此系统出现额外 152 小时的可供弹性应用之时间，称为“弹性缓冲”，如图 7 - 4 所示。在工厂未提出可靠的快速反应市场策略之前，我们的策略是不希望提早交货而宠坏了客户，因此弹性缓冲是一个可以随时因应市场竞争者的标准前置时间改变，同时企业本身可用来作为调整市场策略的弹性资源。

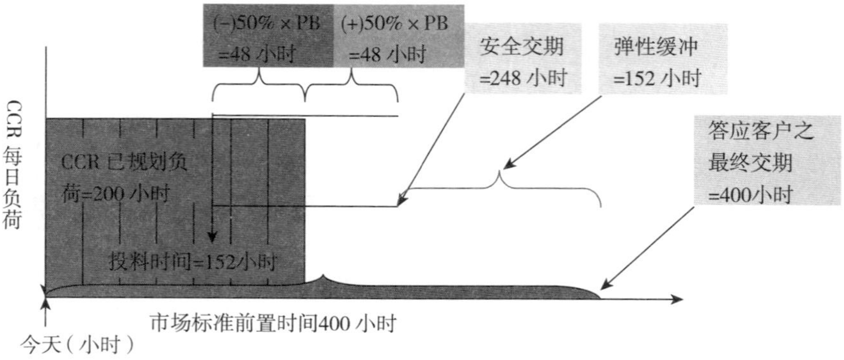

图 7－4　利用 PL 系统决定新订单 P1' 之报价交期

7.2.1.2　控制与行动阶段

不论是采用 DBR 或是 SDBR 之系统，控制才是生产管理中最重要的事情，因为唯有做好控制才能使系统之变异在没有对系统造成严重伤害之前，就能让我们察觉并加以排除。所以 SDBR 强调计划并不是那么重要，重要的是在执行以及控制阶段。

（1）关键物料必须保持良好之可得性

由于 SDBR 假设市场是系统唯一之限制，系统内所有资源均应充分配合市场之需求。如果在其他竞争条件均相似情况下，稳定、可靠、短的交期就可能成为竞争优势，所以为了保持竞争优势，所有可能妨碍准时达交表现之因子都应该加以排除。例如系统外之关键物料供应就显得非常重要，如果供应关键物料之供货商无法提供可靠稳定之供货保证，则系统就应该考虑以事先备库存之方式因应，随时监控这些关键物料之状况，确保不会影响系统承诺客户之交期。

（2）缓冲管理

相对于DBR强调在计划阶段就必须将CCR之排程事先排好，SDBR却强调要重视在实际运行时，生产现场发生了什么事情。限制理论的缓冲管理在于提供计划决策回馈讯息，当一个产品侵蚀到红区之位置，它不紧紧只是提供赶工的讯号，更重要的是，它让我们知道是什么原因造成这个赶工讯号出现。如果PB缓冲过于频繁地被侵蚀到红区，其原因可能是该产品市场需求显著增加，系统CCR的保护产能缩小，PB缓冲设置太小或是系统其他因素造成的。一方面，经过对缓冲管理记录分析后，可以找出特定产品出现红区侵蚀之记录，同时也会有该红区被侵蚀的原因记录，将这些记录以柏拉图呈现分析，可以协助我们找出最重要的红区被侵蚀原因并加以解决，同时可以结合6σ或是lean的项目，将侵蚀红区之主要原因进行改善。另一方面，经过缓冲管理记录分析后，也可能出现被侵蚀太少或是根本没有红区被侵蚀之记录。如果相对长的时间周期内都呈现绿区，表示系统中可能侵蚀红区的事件并没有被我们发现，也就是潜在可能伤害交期的因素并没有因为缓冲管理被发觉出来。因此，长期处在绿区代表我们的保护产能过多，PB 缓冲时间之设定可能过长。基于缓冲管理是让系统找出问题的管理程序，可以弹性地将 PB 缓冲时间缩短，让红区被侵蚀之机会回到正常水平。

（3）注意系统潜在之 CCR

由于市场是系统唯一之限制，系统内之 CCR 会因为市场短暂需求之高峰期所造成的供不应求而暂时成为系统之瓶颈，当市场短暂需求高峰消退后，又会回到系统产能高于市场需求之供过于求状态，当系统透过 SDBR 生产管理系统运作稳定之后，应用 SDBR 的企业将成为同业中交期可靠之代名词。此企业可能会因为订单之大量增加或是产品组合之改变，造成系统 CCR 漂移而改变稳健运作之基础，CCR 的改变意味着系统全力配合之机制与作业习惯全部改变，因此可能造成系统之混乱进而伤害系统原先建立之声誉。所以，必须随时监控系统中潜在的 CCR，在还未对系统造成伤害之前就采取必要之应对措施，例如以同步增加系统非 CCR 保护产能之方式，维护系统原有 CCR 免于漂移而改变交期可靠的稳健运作方式。

（4）随时监控 CCR 之 PL

在 SDBR 作业环境下的特征是对 CCR 没有详细之事先工作顺序列表，也无须花费精力去确认物料是否真正到达 CCR，PL 最重要之意义是针对新的工令要进入生产系统时，可以依据系统整体的未来负荷量来粗估。CCR 的 PL 也有可能会出现在固定期间内超过其全部产能的问题，因此，我们应该随时将 CCR 之 PL 与市场需求之前置时间加以比较。当然我们希望 PL 累积的时间量低于市场需求之前置时间。但是，CCR 的负荷却是常常高低不平，并不是很平顺地发生。如果有一大串工令的交期是在同一时间，对于 CCR 来说会是一件麻烦处理的事情，会让 CCR 之负荷出现不平顺之现象。所以面对这种情况，我们就必须根据 PL 的波动采取一些方法来控制承诺客户之交期。

（5）决定各个产品之移转批量

移转批量小于生产批量，这是 DBR 强调的原则之一，在 SDBR 也同样遵循这个原则。移转批量是影响生产速度与在制品数量的关键因子，移转批量越小生产速度就越快，生产现场的在制品数量就越低，生产系统的弹性反应能力就越佳。至于移转批量之大小没有一定要求，由于批量越小代表的另一层意义就是机台设定次数越多，在批量数字越小越好之前提下，机台设定次数与批量大小之基本原则是，不会因为设定次数之增加而让目前非 CCR 之工作站变成新的 CCR 即可。针对 CCR 来说，生产批量之设定会影响产品生产之周期，生产批量越大则同样产品在生产系统中重复制作之周期就会拉长，基于批量数目与生产周期之密切关系，企业必须依照市场对于产品下单频率与下单总量来调整。

7.2.2 使用 SDBR 的好处与可能之负面效应

使用 SDBR 作为生产管理系统，最主要是希望解决使用 DBR 系统的种种困境，例如无法有效配合市场需求进行及时之改变，多种缓冲时间的设计让系统运作过于复杂，频繁的重新排程造成系统运作不稳定，在 MTO 环境下 CCR 排程有明显困难，系统内部 CCR 改变时处理之困难等。改用 SDBR 系统除了避免上述种种之困境外，还可以看到以下之好处：

①导入与执行简单。

②只需要使用一种 PB 缓冲管理与 BS 作为 CCR 加工的优先顺序。

③当市场需求临时改变时，PL 系统可以有更多弹性产能来应变。

④以市场需求为系统之唯一限制并作为 CCR 运作之机制，使缓冲管理讯号 BS 变得更为清楚明确。

然而，SDBR 因为不针对 CCR 进行详细排程也可能出现以下之不良负面效应：

①无法充分利用系统内部之 CCR，使 CCR 可能出现浪费现象。CCR 浪费现象的一个原因可能是 CCR 做错优先顺序。另外一个原因是，如果前一笔在 CCR 加

工之工令完工后，后一笔工令并没有接续在CCR前面等待，可能会让CCR出现“饥饿”现象，因此工令到达CCR之顺序不确定性可能会让“CCR产能浪费”。

②充分配合市场需求，可能会让系统内部之CCR短暂出现负荷超过其最大产能现象，因而让系统之DDP受到伤害。

③充分配合市场需求，可能需要一个很大的PB缓冲，同时让投料作业太早进入生产现场，平均排队工单总数（WIP）可能因此增加。

针对上述三种可能之负面效应，接下来我们提出应对之建议。

7.2.3　解决SDBR负面效应之方案

（1）CCR资源可能浪费之处置

针对第一个原因，CCR浪费之现象就是CCR做错优先顺序，这应该从现场作业员的作业排程着手，让作业员严格执行BS的即时派工决策即可解决。针对第二个原因，如果前一笔在CCR加工之工令完工后，后一笔工令并没有接续在CCR前面等待，可能会让CCR出现“饥饿”现象，这主要是系统中工令到达CCR之顺序没有事先确定排程所造成的，因此各站非CCR加工顺序的不确定性可能会间接造成“CCR产能浪费”；所以，避免CCR出现“饥饿”的建议做法是，将CCR产能保留一部分之“保留产能”。当我们认定市场需求是系统运作的主要限制时，系统内部CCR也应该以市场需求限制作为系统运作之依据，对市场需求“充分配合”，这个充分配合至少必须做到以下两点：

①即使“变异”或“不确定因素”出现时，也必须做到确保优异之DDP表现。

②必须在市场客户可以容忍之时间范围内，对市场作出有效之反应。

为了做到以上几点，SDBR在系统CCR保留一些“保留产能”，以确保交期与对市场及时反应。加上前述之投料机制，让新订单可以在CCR的PL尚未消耗完毕之前就能进行投料作业。以“消防队的工作精神确实执行”为前提下，通常PB缓冲可以提供足够WIP对系统最弱一环加以保护。因此，为确实避免CCR“饥饿”发生，对于系统CCR的PL与作业情形必须对图7-1的PL系统，每天监看工令已经停留在CCR机台前等待加工累计小时对比CCR未来的累计待加工工时的比例并进行适当控制，才能确保SDBR之顺利执行。

（2）CCR资源可能超过负荷之处置

在SDBR运作之控制阶段，当同时有多笔工令交期是在同一时间，CCR负荷出现不平顺之现象甚至超过其产能现象，面对这种情况我们必须根据CCR的PL，采取下列方法来控制工令交期。

①为了达到交期可靠度，销售人员与生产作业人

员必须同步作业，生产作业人员应该随时提供CCR的PL最新信息，作为销售人员决定是否接受新订单与提供交期报价之主要参考依据。同理，销售人员必须随时了解生产现场之PL增减变动信息，作为市场接单与调整其产品组合决定之参考。

②为了取代以往“销售人员答应客户交期之后，再由生产单位想尽办法来达成交期”的做法，我们必须建立一个PL机制，这个PL机制可以决定订单之交期，而且是让生产作业层面可以做到之交期。

(3) 提早投料与WIP可能太多之处置

如果还没有对市场提出可靠快速反应（RR）之提案，同时以PL减去一半PB缓冲作为投料时间点之做法，是为了能充分利用CCR产能。在市场需求量高峰紧接着市场需求量显著下降的激烈变化下，如果依照市场标准交期减去正常之PB缓冲作为投料时间，反而会因为过晚投料的原因让CCR出现“饥饿”之危险。提早投料的好处就是避免CCR“饥饿”，但同时也会产生弊端，即也有可能造成WIP过多之不良现象。因此在这种情境之下，建议计算BS缓冲的消耗情形必须用“动态缓冲 = PB缓冲 + 弹性缓冲”这一方式，其中弹性缓冲是依据PL与市场标准前置时间之差值而定。PL是处在一直变化之状态，相对地让弹性缓冲随之变动，只要PL增加，代表可以使用之弹性缓冲减少，因此计算 BS 缓冲之消耗情形需要随时动态加以监视。

这是一种奇怪的相依现象：CCR 的 PL 负荷越少但是动态缓冲却越多。那是因为预定制程中假设都没有出现资源闲置之情形，那就仅需要一般原有之缓冲即可，但是我们现在将 PB 缓冲延伸增加一个弹性缓冲，有时候出现无可预期之状况时就能派上用场。如果不想将问题复杂化，则可以使用原有之 PB 缓冲大小作为定义绿区与红区之依据，多出来之区域作为绿区之缓冲。如此可以有几个好处，原始的 PB 缓冲并没有受到伤害或是改变，增加一些弹性缓冲只是为了让投料时间提前，避免 CCR 受到饥饿之危险。但是这种做法的缺点是让 BS 缓冲管理变得复杂一些。

7.3 SDBR 方法的其他议题：保留产能

7.3.1 销售人员向客户提出短交期报价之冲突

当系统之 PL 时间接近或是超过市场预期的标准前置时间时，则必须向客户提出安全交期时间作为合约时间。但是，当安全交期时间低于市场之标准前置时间时，如果都尽可能地向客户提报较短之交期时间，一方面我们可以借此吸引更多的新客户，但是另一方面客户会期待这种较短时间之交期成为常态，同时认为在相同之价格下可以得到更短之交期，这将造成是否永远都向客户提报短时间交期之冲突。为了让客户充分了解在一般价格下，我们可以提供与市场一般标准交期相同之服务，且保证99%可靠且说到做到，但客户若是需要更短时间之交期服务，则必须付出额外价格。如果客户同意这种做法，此时工厂必须有一套方法提供这些短交期工单的服务同样是保证99%可靠且说到做到。如果客户同意接受短交期需要付出额外价格之构想，此时生产系统除了必须充分利用弹性缓冲作为因应市场需求之资源外，系统还必须为一些需要快速制造的产品保留产能，其余产能才拿来作为**一般正规工单**需求的产能。因此当我们决定对市场客户启动 RR 策略时，对一般正规工单，公司依据 CCR 之 PL 来计算安全交期，如图 7－5 所示就必须将预先保留作为**快速制造工单**的保留产能先行自 PL 中扣除，其余产能才能作为 PL 计算安全交期的基础。

7.3.2 保留产能之决策及管理

CCR 决定系统之有效产出，图 7－5 是对为了快速反应而设置保留产能之做法的说明，必须能够有效地管理才不至于浪费 CCR 珍贵之资源。首先我们必须了解到底需要保留多少产能来接受市场的快速制造订单需求。而图 7－5 的快速制造订单的定义是销售人员承诺的交期短于市场一般标准交期的订单。若销售人员承诺的交期更短于快速制造订单则称为超级快速制造订单。与决定缓冲大小相同的方法，决定保留产能时开始可以用管理经验设定一个数字，透过管理与记录来了解评估这个预设的保留产能是多还是少，再进行修改之动作。如果开始设定太多的保留产能，是否就此造成 CCR 资源的浪费？其实在实际运作中并非每天都制作 x% 的快速制造产品，同时每天都使用另外（1－x）% 产能制造一般正规订单产品。当系统没有提供快速制造产品时，CCR 应该充分利用其全部产能，此时 CCR 的资源仍然全力工作，而大部分一般正规工单会比原先预期之时间提前完成。如果来不及将交期回推到更早之时间，至少来得及将投料时间提前到更早一点执行，所以没有浪费之问题。当保留产能过多时，会让 PL 系统决定的安全交期过于保守，当安全交期超过市场的标准前置时间时，则很有可能因此失去市场。在这种情形之下，就应该检讨原先设定之保留产能大小是否适当。当保留产能过低时，如果系统中数量过多的快速制造产品订单，可能会让部分一般正规订单的完成时间延后。但是只要是一般正规订单之安全交期时间远低于目前市场之标准前置时间，则情况都算在控制范围之内。但是，当一般正规订单的弹性缓冲越来越小，或是越来越多的工单进入红区时，就必须考虑增加 PB 缓冲来避免进入红区订单之数量急剧增加的危险。

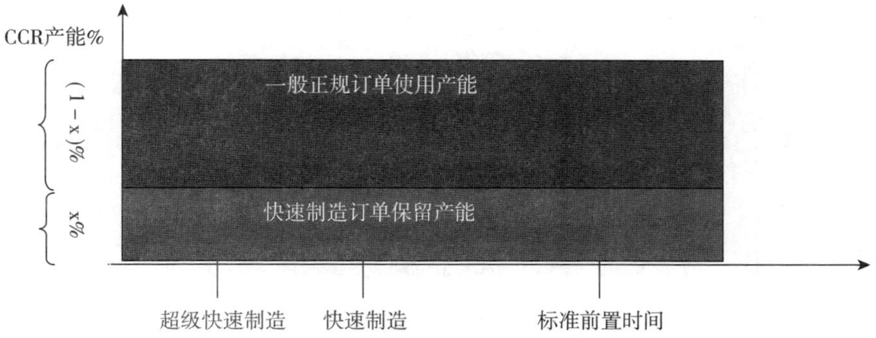

图 7-5　PL 系统启动 RR 策略之保留产能

管理保留产能之工具，可以透过监视一般正规订单可用产能的 PL 与其可用产能之间的比值来衡量是否足够。例如在表 7-2 中，CCR 可用产能为 400 小时，一般正规订单可用产能是 320 小时，保留产能是 80 小时，分成一般可用产能以及保留产能两个部分加以监视。当一般正规订单之 PL 或是快速制造产品订单之负荷分别占其可用产能之 85% 时，代表 CCR 随时可能有机会变成系统之瓶颈，建议此时需考虑增加 CCR 之产能，避免系统出现 CCR 漂移之不良效应。

表 7-2　　　　保留产能之监视工具

项目	产能（%）	目前 PL	建议管理上限（概估值）
CCR	400 小时（100%）	240 小时（60%）	340 小时（85%）
一般正规订单使用产能	320 小时（80%）	200 小时（63%）	272 小时（85%）
快速制造订单保留产能	80 小时（20%）	40 小时（50%）	68 小时（85%）

7.3.3 结论与未来研究建议

针对 MTO 环境下使用 DBR 管理系统，在实务执行上出现之各种困境，Schragenheim（2006）提出了综合性讨论，同时建议采用 SDBR 方法论取代 DBR 原有做法。SDBR 导入简单，执行容易且有助于提升系统在 MTO 环境下的经营绩效。详细陈述 SDBR 在计划阶段与执行控制阶段的操作步骤后，同时针对执行 SDBR 可能出现之负面效应，详细说明因应之解决对策，让曾经执行 DBR 且深受困扰者有机会可以借由 Schragenheim 之说明将 SDBR 作为一个新的解决方案。Schragenheim 仅就 SDBR 在 MTO 环境下之执行观念与做法作出一般性说明，但是尚有许多 MTO 混合部分 MTS 生产模式者，以及纯粹 MTS 环境者，或介于 MTO 与 MTS 之间进行生产模式的转换者，这些环境下使用 SDBR 管理系统是否适当，以及 SDBR 在这些环境下之执行程序又是如何，在实务运作中都属于很重要的议题，值得后续研究加以重视。

本章习题

一、简答题

1. SDBR 系统分别提出哪三种能有效避免 DBR 在

MTO 环境运作过程中产生的各种困境的主要观念？

2. SDBR 对于 MTO 市场最重要的两个基本假设是什么？

3. 请画图说明 SDBR 方法中 CCR 的 PL 系统。

4. 请画图说明 PL 系统的新接订单之决策。

5. 请画图说明 PL 系统的新订单之投料决策。

6. 请画出 SDBR 的 PL 系统启动 RR 策略之保留产能图。

二、选择题

1. SDBR 显而易见地是由修正与拓展(　　)方法的基本假设而来的。

A. JIT　　B. MRP

C. DBR　　D. CCR

2. SDBR 对 PL 的做法是计算系统未来一段时间内已经确认会在(　　)形成负荷之工作量。

A. DBR　　B. CCR

C. PB　　D. 不一定

3. 在 MTO 环境下，当市场销售人员面对客户提供交期报价时，(　　)系统可以提供一套快速计算市场安全交期且保证 99% 做到的实时交期管理系统。

A. DBR　　B. BM

C. PB　　D. PL

4. SDBR 的(　　)概念可以配合快速回应（RR）市场紧急需求之策略操作。

A. 保留产能　　B. 保护产能

C. 有效产能　　D. 最大产能

5. 保留产能系统在内部 CCR 的负荷管理预先保留一定比例的可调度产能给紧急订单使用，同时提供市场给销售人员另一套快速计算市场的(　　)且保证 99%做到的管理系统。

A. 紧急订单投料日期

B. 紧急订单安全交期

C. 紧急订单送货交期

D. 紧急订单库存交期

6. PL 的具体运作方式是以(　　)代表市场需求作为系统运作之 Drum。

A. 价格　　B. 存货

C. 订单　　D. CCR

7. Drum 在 SDBR 的形式则拓展为内部 CCR 的(　　)负荷工作量，此(　　)负荷工作量通常可以转换成时间单位并表示为一个固定的日期。

A. 过去累积　　B. 现在累积

C. 未来累积　　D. 一般累积

8. SDBR 针对内部 CCR 上的每个不同的固定日期(　　)半个 PB 大小的时间作为计划投料日期，这就成为 Rope 的具体内容。

A. 正推　　B. 倒推

C. 平推　　D. 下推

9. SDBR 以内部 CCR 上的每个不同的固定日期(　　)半个 PB 大小的时间作为计划安全交期，这就成为市场 Drum 的具体内容。

A. 正推　　B. 倒推

C. 平推　　D. 下推

10. 一般保守之 PB 设计可以利用当前制造前置时间之(　　)作为一个起始设置点。

A. 50%　　B. 75%

C. 100%　　D. 不一定

三、改正题（请将画线部分的错误更正为正确的内容）

1. SDBR 强调简化 DBR，因此只设计了一个黄区作为 BM 管理之界线。

2. SDBR 针对 CCR 工作站的派工法则是依据每笔工单的CCR 排程来决定工单加工之优先顺序。

3. BS 缓冲状态的定义是指已经投料的时间占原有 PB 缓冲时间之比例。

4. SDBR 市场订单的投料时间是利用内部 CCR 上的目前已确认负荷量 PL 平推半个 PB 大小的时间作为

计划投料日期。

5. PL 系统出现额外的可供弹性应用之时间，称为“弹性缓冲”。工厂可利用弹性缓冲提出可靠的一般反应市场策略。

6. 如果 PB 缓冲过于频繁地被侵蚀到红区，其原因可能是该产品市场需求显著增加，系统 CCR 的保护产能缩小，PB 缓冲设置太大或是系统其他因素造成的。

7. 在 SDBR，工单长期处在绿区就是代表我们的保护产能过多，PB 缓冲时间之设定可能过短。

8. 应用 SDBR 的企业将成为同业中交期可靠之代名词，此企业可能会因为订单之大量增加或是产品组合之改变，造成系统非 CCR 漂移而改变稳健运作之基础。

9. 我们应随时监控系统中潜在的 CCR，在还未对系统造成伤害之前就采取必要之应对措施，例如以同步增加系统 CCR 保护产能之方式，以维护系统原有 CCR 免于漂移而改变交期可靠的稳健运作方式。

10. 移转批量之大小没有一定要求，批量越小代表的另一层意义就是机台补充存货次数越多。

11. SDBR 中的 CCR 浪费现象可能是 CCR 做错投料顺序。

12. SDBR 中会让 CCR 出现“饥饿”现象，主要的形成原因是系统中工令到达 CCR 之顺序没有事先确定排程，因此各站非 CCR 加工顺序的不确定性可能会间接造成“CCR产能浪费”；所以，避免CCR出现“饥饿”的建议做法是，将CCR产能保留一部分之“设计产能”。

13. 为了达到交期可靠度，销售人员与生产作业人员必须同步作业，生产作业人员应该随时提供CCR的BS最新信息，作为销售人员决定是否接受新订单与提供交期报价之主要参考依据。

14. 提早投料的好处是避免CCR“饥饿”，但同时也有弊端，即可能造成WIP过多之不良现象。因此在这种情境之下，建议计算BS缓冲的消耗情形必须用“动态缓冲＝PB缓冲＋弹性缓冲”这一方式，动态缓冲是依据PL与市场标准前置时间之差值而定。

15. PL是处在一直变化之状态，相对地让弹性缓冲随之变动，只要PL增加，代表可以使用之弹性缓冲增加，因此计算BS缓冲之消耗情形需要随时动态加以监视。

16. 为了让客户充分了解在一般价格下，我们可以提供与市场一般标准交期相同之服务，且保证99%可靠且说到做到，但客户若是需要更短时间之交期服务，则必须付出额外时间。

17. 如果客户同意接受短交期需要付出额外价格之构想，此时生产系统除了必须充分利用弹性缓冲作为因应市场需求之资源外，系统还必须为一些需要快速制造的产品保留产能，其余产能才拿来作为快速制造工单需求的产能。

18. 因此当我们决定对市场客户启动RR策略时，对一般正规工单，公司依据CCR之PL来计算安全交期，就必须将预先保留作为快速制造工单的保留产能先行自交期中扣除，其余产能才能作为PL计算安全交期的基础。

19. 一般正规订单的定义是销售人员承诺的交期短于市场一般标准交期的订单。

20. 当一般正规订单的弹性缓冲越来越小，或是越来越多的工单进入红区时，就必须考虑增加CCR缓冲来避免进入红区订单之数量急剧增加的危险。

四、计算题

1. 计算表7－3中CCR（X小时）、一般正规订单使用产能（Y小时）、快速制造订单保留产能（Z小时），分别是多少小时。

表7－3　　保留产能之监视工具

项目	产能（%）	目前PL	建议管理上限（概估值）
CCR	X小时（100%）	240小时（60%）	340小时（85%）
一般正规订单使用产能	Y小时（80%）	200小时（63%）	272小时（85%）
快速制造订单保留产能	Z小时（20%）	40小时（50%）	68小时（85%）

2. 依照 SDBR 缓冲管理之精神得知出货时间减去 PB 缓冲时间就是投料之时间点，因此以安全交期倒推一个 PB 缓冲时间就是市场订单的投料时间；或是利用内部 CCR 上的目前已确认负荷量 PL 倒推半个 PB 大小的时间作为计划投料日期。

假设目前之 PL 是 200 小时，而产品 P1 的 PB（PB_{P1}）是 96 小时，投料时间则是以目前之 PL 负荷 200 小时减去 PB 缓冲的一半。若是今天决定新接此订单 P1'，我们从现在起几小时后开始将原料下发给生产线（投料）？我们新接订单 P1' 之安全交期是几小时呢？

3. 计算表 7 – 4 中，

（1）假设 PB = 75% × MLT，则生产缓冲时间 PB_{P1}、PB_{P2}、PB_{P3} 分别是多少？

（2）缓冲状态（BS）A%、B%、C% 分别是多少？

表 7 – 4　　产品工单缓冲状态计算

3 月 5 日产品工单之缓冲状态 BS			
	P1	P2	P3
1. 已规划负荷量（PL）	200 小时	200 小时	200 小时
2. 制造前置时间（MLT）	128 小时 = 22 天 = 3 周又 1 天	224 小时 = 38 天 = 5 周又 3 天	320 小时 = 56 天 = 8 周

续表

3月5日产品工单之缓冲状态 BS			
	P1	P2	P3
3. 生产缓冲时间（PB = 75% × MLT）	PB_{P1}?	PB_{P2}?	PB_{P3}?
4. 客户交期（DD）	3月15日	3月15日	3月15日
5. 剩余交期日（ST = DD − TD）	10天	10天	10天
6. 缓冲消耗	17 − 10 = 7（天）	29 − 10 = 19（天）	42 − 10 = 32（天）
7. 缓冲状态（BS）	A%	B%	C%
8. 红区（≥50%）	绿区（41%）	红区（66%）	红区（76%）
9. 新订单安全交期（SDD）	（P1'）248小时 = 43天 = 6周又1天	（P2'）284小时 = 50天 = 7周又1天	（P3'）320小时 = 56天 = 8周
10. 市场标准前置时间（MSLT）	400小时 = 70天 = 10周	464小时 = 80天 = 11周又3天	576小时 = 100天 = 14周又2天
11. 弹性缓冲时间（FB = MSLT − SDD）	400小时 − 248小时 = 152小时 = 27天 = 3周又6天	464小时 − 284小时 = 180小时 = 30天 = 4周又2天	576小时 − 320小时 = 256小时 = 44天 = 7周又2天

参考文献

1. Chang, Y. C. and Huang, W. T., 2011a. A modification of simplified drum-buffer-rope for re-entrant flow shop scheduling. *Information Technology Journal*, 10 (1), 40 - 50.

2. Chang, Y. C. and Huang, W. T., 2011b. Using simplified drum-buffer-rope for re-entrant flow shop scheduling in a random environment. *African Journal of Business Management*, 5 (26), 10796 - 10810.

3. Chang, Y. C. and Huang, W. T., 2014. An enhanced model for SDBR in a random reentrant flow shop environment. *International Journal of Production Research*, 52 (6), 1808 - 1826.

4. Chen, J. S., Pan, J. C. H. and Wu, C. K., 2007. Minimizing makespan in reentrant flow-shops using hybrid tabu search. *The International Journal of Advanced Manufacturing Technology*, 34 (3), 353 - 361.

5. Dannenbring, D. G., 1977. Evaluation of flow

shop sequencing heuristics, Management Science, 23 (11), 1174 - 1182.

6. Dugardin, F., Yalaoui, F. and Amodeo, L., 2010. New multi-objective method to solve reentrant hybrid flow shop scheduling problem. *European Journal of Operational Research*, 203 (1), 22 - 31.

7. Goldratt, E. M., 1983. Cost accounting: the number one enemy of productivity. International Conference of the American Production and Inventory Control Society.

8. Goldratt, E. M., 1988. The fundamental measurements. *The Theory of Constraints Journal*, 1 (3), 1 - 21.

9. Goldratt, E. M. and Cox, J., 1984. *The Goal*. North River Press, Croton-on-Hudson, NY.

10. Goldratt, E. M. and Fox, R. E., 1986. *The Race*. North River Press, Croton-on-Hudson, NY.

11. Goldratt, E. M., 1990. *The Haystack Syndrome: Shifting Information Out of the Data Ocean*. North River Press, Great Barrington, MA.

12. Ho, T. F. and Li, R. K., 2004. Heuristic dispatching rule to maximize TDD and IDD performance. *International Journal of Production Research*, 42 (24), 5133 - 5147.

13. Lamba, N, Karimi, I. A., and Bhalla, A., 2000. Scheduling a single-product reentrant process with uniform processing times. *Industrial and Engineering Chemistry Research*, 39 (11), 4203 -4214.

14. Lee, J. H., Chang, J. G., Tsai, C. H. and Li, R. K., 2010, Research on enhancement of TOC simplified drum-buffer-rope system using novel generic procedures. *Expert Systems with Applications*, 37, 3747 - 3754.

15. Mabin, V. J. and Balderstone, S. J., 2000. *The World of the Theory of Constraints: A Review of the International Literature*. St. Lucie Press, Boca Raton.

16. Pan, J. H. and Chen, J. S., 2003. Minimizing makespan in re-entrant permutation flow-shops. *Journal of the Operational Research Society*, 54, 642 - 653.

17. Patterson, J. W., Fredendall, L. D. and Craighead, C. W., 2002. The impact of non-bottleneck variation in a manufacturing cell. *Production Planning and Control*, 13 (1), 76 - 85.

18. Pinedo, M., 2002. *Scheduling: Theory*, Algorithms, and Systems. Prentice-Hall: Englewood Cliffs, NJ.

19. Russell, R. S. and Taylor III, B. W., 2005. *Operations Management: Quality and Competitiveness in a*

Global Environment. John Wiley and Sons.

20. Schragenheim, E. and Burkhard, R., 2007. *Drum buffer rope and buffer management in a make – to – stock environment* [online]. Available from: http://www.scienceofbusiness.com/free – stuff/free – toc – vv – articles.aspx [Accessed 22 January 2010].

21. Schragenheim, E. and Dettmer, H. W., 2001. *Manufacturing at Warp Speed: Optimizing Supply Chain Financial Performance*. St. Lucie Press, APICS, Boca Raton, FL.

22. Schragenheim, E. and Ronen, B., 1990. Drum-buffer-rope shop floor control. *Production and Inventory Management Journal*, 31 (3), 18 – 23.

23. Schragenheim, E. and Ronen, B., 1991. Buffer management: A diagnostic tool for production control. *Production and Inventory Management Journal*, 32 (2), 74 – 79.

24. Schragenheim, E., 2006. *Using SDBR in rapid response projects* [online]. Available from: http://www.scienceofbusiness.com/free – stuff/free – toc – vv – articles.aspx [Accessed 22 January 2010].

25. Sirikrai, V. and Yenradee, P., 2006. Modified drum-buffer-rope scheduling mechanism for a non-identical

parallel machine flow shop with processing-time variation. *International Journal of Production Research*, 44 (17), 3509 - 3531.

26. Watson, K. J., Blackstone, J. H. and Gardiner, S. C., 2007. The evolution of a management philosophy: the theory of constraints. *Journal of Operations Management*, 25 (2), 387 - 402.

27. Wu, H. H. and Liu, J. Y., 2008. A capacity available-to-promise model for drum-buffer-rope systems. *International Journal of Production Research*, 46 (8), 2255 - 2274.

28. Wu, H. H. and Yeh, M. L., 2006. A DBR scheduling method for manufacturing environments with bottleneck re-entrant flows. *International Journal of Production Research*, 44 (5), 883 - 902.

29. Yan, H., Lou, S. and Sethi, S. P., 2000. Robustness of various production control policies in semiconductor manufacturing. *Production and Operations Management*, 9 (2), 171 - 183.

30. Yang, D. L., Kuo, W. H. and Chern, M. S., 2008. Multi-family scheduling in a two-machine reentrant flow shop with setups. *European Journal of Operational Research*, 187 (3), 1160 - 1170.

各章习题解答

第1章习题解答

一、简答题

1. Dr. Goldratt 与 Cox 提出的五个关注步骤是什么？

答：5FS 分别为辨识限制资源为：辨识限制资源，然后充分利用限制资源，并将非限制资源充分配合限制资源的生产速度，若有必要打破目前的限制则有利于提供额外的有效产出，最后是别让惰性成为持续改善的限制。

2. 限制的形式可分为哪三种？

答：限制的形式可分为三种：当系统的生产产能受限于正式或非正式的规范时称为政策限制；当系统的资源产能少于需求时称为实体限制；当需求少于系统的资源产能时称为市场限制。

3. 请说明鼓（Drum）的含义。

答：Schragenheim 与 Ronen（1990）和 Wu 与 Liu（2008）指出鼓（Drum）是 CCR 从现在到未来的详细排程计划。

4. 请画出 DBR 方法的主要概念图。

答：请参见教材图 1－1。

5. 请画出 SDBR 方法的主要概念图。

答：请参见教材图 1－2。

二、选择题

1. B　　2. C　　3. A　　4. B　　5. C　　6. A

7. A　8. B　9. C　10. B

三、改正题

1. 鼓　2. 生产缓冲　3. 投料计划　4. 绿黄红

5. 侵蚀时间　6. 缓冲状态　7. 由高到低　8. 派工优序

第 2 章习题解答

一、简答题

1. TOC 学者提到限制理论是一套整合的管理工具，其包含哪三种相关的领域？

答：(1) 作业策略应用方法工具；(2) 绩效衡量系统，总称为产出会计；(3) 解决方案与思考工具。

2. 请说明 DBR 方法中缓冲 (Buffer) 的含义。

答：缓冲 (Buffer) 是保护时间，即是用来避免生产到临近关键区域时致使其中断的事情发生，缓冲只规划于需要保护的关键区域。

3. 请说明 DBR 方法中绳 (Rope) 的含义。

答：绳 (Rope) 是一种机制，用于迫使系统的所有零件能经由鼓所支配的节奏所激发，当执行 DBR 时，绳是建立原物料投入现场的详细排程。

4. 请画出 SDBR 的投料与派工机制示意图。

答：请参见教材图 2-1。

5. 请画出 SDBR 的缓冲状态与缓冲管理示意图。

答：请参见教材图 2-2。

二、选择题

1. B　2. D　3. A　4. B　5. D　6. C

7. A　8. A　9. B

三、改正题

1. CCR　2. BS　3. 累计停留时间

4. 延误　　5. 交期设定方法　　6. CCR 排程

7. 市场的限制　　8. 需求未满载　　9. 一个生产缓冲区

10. 现场

第 3 章习题解答

一、计算题

1. 答：情况（a）订单 1 的 BS = 80%

情况（a）订单 2 的 BS = 33.3%

2. 答：情况（b）订单 4 的 BS = 67%

情况（b）订单 4 的 ΔBS = 54%

二、填空题

答：X = 今天，Y = 投料日，Z = 累积工作日

第 4 章习题解答

一、计算题

答：(1) 各机台的平均负荷：A = 2，B = 3，C = 2，D = 1.5，E = 2，F = 1.5

(2) CCR 机台是：机台 B 的平均负荷最高，即为本模拟工厂的 CCR。

二、填空题

答：X = 交期日，Y = 今天，Z = 剩余加工时间

第 5 章习题解答

一、简答题

1. SDBR 对照传统观点定义下的三项作业面的绩效衡量指标是什么？

	SDBR	传统观点
有效产出（Throughput；T）	透过销售产生现金的速度	总销售收入扣除总变动成本
存货（Inventory；I）	为了获得有效产出而必须投入的存货	原料，在制品与成品
作业费用（Operation Expense；OE）	使存货转换为有效产出所必须投入的资金	生产存货必须投入的资金

2. 保护产能的定义？

答：非 CCR 的最大产能大于 CCR 产能的额外部分，如下式：

保护产能 = 非 CCR 的最大产能 - CCR 的产能

3. 请说明 CCR 的派工优先级的含义？

答：先制造在 CCR 资源生产时能提供每单位最高的有效产出者，如下式：

CCR 的派工优先级 = Max（有效产出 ÷ 每单位 CCR 的生产时间）

4. $ IDD 与 $ TDD 的定义是什么？

答：（1）IDD 指标的意义是站在部门局部观监控现场各部门的管理行为，希望各部门管理者能缩短每笔订单停留在该部门的流程时间，换句话说就是加快制造速度或减少不必要的等待时间。因此 IDD 指标的目标值是越小越好，但不为零，如下式：

IDD = 在制品 WIP 订单价值 ×（完成日期 - 投料日期）

（2）TDD 指标的意义在于站在整体观监控现场的管理行为，希望现场管理者能重视每笔订单，准时交货，换句话说就是无延迟时间发生。因此，TDD 指针的目标值是零，如下式：

TDD = 订单价值 × Max（0，完成日期 - 交货日期）

5. SDBR 的绩效指标可区分为 3 类层级，共 9 项指标，分别是什么？

答：（1）整体层级测量绩效指标（Goldratt，1983）。整体层级测量指标包括净利润（NP）、投资报酬率（ROI）和现金流量（CF）。SDBR 可利用这些绩效指标对企业整体状况进行测量，但这些指标在其他子层级是不适用的。

（2）工厂层级测量绩效指标（Goldratt and Cox，1984）。为弥补在整体层级和流程层级的绩效衡量差距，Goldratt & Cox（1984）建议利用 T、I 以及 OE 作为工厂层级测量绩效指标。工厂层级测量绩效指标的主要功能是透过强调使公司利润最大化的同时达到提高 T 与降低 I 和 OE 的目标。

（3）流程层级测量绩效指标（Goldratt，1988）。Goldratt（1988）介绍了 3 种流程层级绩效指标：有效产出元天（TDD）、存货元天（IDD）与局部型 OE，作为 SDBR 监控基层日常运作效率的措施。

二、选择题

1. B　2. A　3. B　4. C　5. A　6. B

7. C　8. D　9. D　10. A

三、改正题

1. 分摊　2. 总产出　3. 成本　4. 整体　5. 大于

6. 总有效产出　7. 最高　8. 产能　9. 限制

10. 工厂　11. 有效产出元天（TDD），存货元天（IDD）

12. 越小越好　13. 整体观

四、计算题

1. 答：传统成本会计总净利：$8.00×150 个 = $1 200

有效产出会计总净利：$48.00×150 个 － $6 000 = $1 200

2. 答：第一个选择：我们发现这个选项将使 CCR 资源每天的产能产生每小时 $4 000 的收入（$20 000/5 小时）；

第二个选择：我们使用 CCR 资源时能产生每小时 $4 000 的收入（$2 000/0.5 小时）。利用式（5.2），因为两个选择都产生每小时 $4 000的收入，这个决策是任选其一。

3. 答：Y 的 IDD ＝（70×35）×（23－0）＝$ 56 350

Y 的 TDD ＝（70×60）×Max（0，23－39）＝4 200×Max（0，

$-16) = 4\ 200 \times 0 = \$\ 0$

U 的 IDD $= (95 \times 20) \times (42 - 0) = \$\ 79\ 800$

U 的 TDD $= (95 \times 70) \times \text{Max}(0, 42 - 35) = 6\ 650 \times \text{Max}(0, 7) = 6\ 650 \times 7 = \$\ 46\ 550$

第 6 章习题解答

一、简答题

1. 传统 DBR 会遇到一些困难，这些困难主要包括哪几点？

答：（1）分散的缓冲时间；

（2）超过一种以上的缓冲时间类型；

（3）排程稳定性；

（4）过剩的组装缓冲；

（5）一致的缓冲长度；

（6）工单；

（7）挪料；

（8）作业员的困惑；

（9）自动收集资料。

2. 与传统 DBR 相比较，SDBR 体现简单、有效率最重要的两点是什么？

答：首先，在相同的情况下，SDBR 比传统 DBR 少了对内部 CCR 的事先排程工作。其次，SDBR 只有唯一的缓冲——出货缓冲（Shipping Buffer，SB），同时对任何的工作中心都不需要事先详细的排程工作。

3. SDBR 的六个操作策略是什么？

答：（1）追随市场；

（2）处处有保护产能；

（3）需求导向的主生产排程；

（4）工单包含完整的产品运送；

（5）利用 CCR 平衡市场需求；

（6）只有一个缓冲。

4. SDBR 建议如何跟随市场需求来执行政策？

答：（1）消除追求局部效率；

（2）小批量生产；

（3）移转批量应该小于生产批量；

（4）给交期最早的工单最高的加工优序。

5. SDBR 建议如何建立销售与生产部门的紧密配合？

答：（1）生产与销售应有一致的最佳产品组合目标；

（2）订单总量不应超出 PL；

（3）当 CCR 变成浮动的时候，销售代表应该调整 QLT，以确保交期的准确性。

6. 请画出 SDBR 的执行程序。

答：请参见教材图 6－7。

二、选择题

1. C	2. A	3. B	4. B	5. B	6. D
7. B	8. B	9. B	10. D		

三、改正题

1. 满载	2. 市场需求	3. 内部 CCR
4. 已规划负荷	5. 新订单	6. 等于或大于
7. 出货缓冲	8. 100%	9. 倒推
10. PL	11. 小批量生产	12. 小于
13. 交期最早	14. PL 产能，PL 产能	
15. QLT	16. 75%	17. 市场限制
18. 短暂的	19. 隐藏产能	20. 多余产能

第 7 章习题解答

一、简答题

1. SDBR 系统分别提出哪三种能有效避免 DBR 在 MTO 环境运作过程中产生的各种困境的主要观念？

答：已规划负荷（Planned Load，PL）、保留产能（Reserved Capacity，RC）以及单一生产缓冲管理（Production Buffer，PB）。

2. SDBR 对于 MTO 市场最重要的两个基本假设是什么？

答：（1）市场需求是系统唯一的限制。虽然有时候系统内部资源或物料问题有可能与市场需求交互成为系统之限制，但是对大部分之系统来说，造成内部资源成为系统瓶颈主要因为市场需求突然大量增加所造成之短暂现象而已，由于市场需求波动之因素，让系统内部资源之负荷都呈现满载之现象几乎不容易存在。所以，对大部分的企业来说，真正的挑战反而是如何吸引市场需求来满足内部资源之过剩产能，这是为何将市场需求当成系统唯一之限制的原因。

（2）如果内部资源之限制是暂时之现象，加上受到市场需求波动之影响暂时成为系统瓶颈之资源，就会常常交互出现产能不足或是产能过剩之现象，其结果就会影响订单准时达交之绩效表现，造成客户满意度与忠诚度之降低。

3. 请画图说明 SDBR 方法中 CCR 的 PL 系统。

答：请参见教材图 7－1。

4. 请画图说明 PL 系统的新接订单之决策。

答：请参见教材图 7－2。

5. 请画图说明 PL 系统的新订单之投料决策。

答：请参见教材图 7－3。

6. 请画出 SDBR 的 PL 系统启动 RR 策略之保留产能图。

答：请参见教材图 7－5。

二、选择题

1. C　2. B　3. D　4. A　5. B　6. C
7. C　8. B　9. A　10. B

三、改正题

1. 红区　2. 缓冲状态（Buffer Status，BS）
3. 被消耗掉　4. 倒推
5. 快速反应（Rapid Response，RR）　6. 太小
7. 过长　8. CCR 漂移　9. 非 CCR
10. 设定次数　11. 优先顺序　12. 保留产能
13. PL　14. 弹性缓冲　15. 减少
16. 价格　17. 一般正规工单　18. PL
19. 快速制造订单　20. PB 缓冲

四、计算题

1. 答：CCR（X 小时）=340 小时 ÷85% = 400 小时

一般正规订单使用产能（Y 小时）=400 小时 ×80% = 320 小时

快速制造订单保留产能（Z 小时）=400 小时 ×20% =80 小时

2. 答：目前之 PL 是 200 小时，而产品 P1 的 PB（PB_{P1}）是 96 小时，PB_{P1}的一半是 48 小时，（1）投料时间则是以目前之 PL 负荷 200 小时减去 PB 缓冲的一半 48 小时等于 152 小时，（2）新接订单 P1’之安全交期是 248 小时

3. 答：（1）PB_{P1} =75% ×128 小时 =96 小时

PB_{P2} = 75% ×224 小时 =168 小时

PB_{P3} =75% ×320 小时 =240 小时

（2）缓冲状态（BS）：

A = 7/17 = 41%

B = 19/29 = 66%

C = 32/42 = 76%